V&R

Philosophie und Psychologie im Dialog

Herausgegeben von
Christoph Hubig und Gerd Jüttemann

Band 3: Rolf Haubl/Volker Caysa
　　　　Hass und Gewaltbereitschaft

Rolf Haubl/Volker Caysa

Hass und Gewaltbereitschaft

Vandenhoeck & Ruprecht

Bibliografische Information der Deutschen Nationalbibliothek

Die Deutsche Nationalbibliothek verzeichnet diese Publikation in der
Deutschen Nationalbibliografie; detaillierte bibliografische Daten sind
im Internet über <http://dnb.d-nb.de> abrufbar.

ISBN 978-3-525-45172-4

© 2007, Vandenhoeck & Ruprecht GmbH & Co. KG, Göttingen.
Internet: www.v-r.de
Alle Rechte vorbehalten. Das Werk und seine Teile sind urheberrechtlich
geschützt. Jede Verwertung in anderen als den gesetzlich zugelassenen Fällen
bedarf der vorherigen schriftlichen Einwilligung des Verlages. Hinweis zu § 52a
UrhG: Weder das Werk noch seine Teile dürfen ohne vorherige schriftliche
Einwilligung des Verlages öffentlich zugänglich gemacht werden.
Dies gilt auch bei einer entsprechenden Nutzung
für Lehr- und Unterrichtszwecke.
Printed in Germany.
Gesamtherstellung: Books on Demand, Norderstedt

Inhalt

Rolf Haubl
Gattungsschicksal Hass 7

Volker Caysa
Der Hass – eine große Stimmung 69

Rolf Haubl und Volker Caysa
Briefwechsel 109

Literatur 130

Rolf Haubl

Gattungsschicksal Hass

»Bis heute haben Psychologen relativ wenig über die Natur des Hasses und seine Ursprünge zu sagen gehabt, verglichen mit dem, was sie etwa über das Gedächtnis, die Wahrnehmung oder sogar über Vorurteile zu sagen gehabt haben. In Anbetracht der überwältigenden Äußerungen von Hass, die sich gegenwärtig weltweit zeigen, sind Psychologen moralisch verpflichtet, ein Verständnis des Hasses, seiner Ursachen und Folgen, zu erlangen und zu fragen, wie er bekämpft werden kann, um eine Kultur des Friedens zu schaffen« (Sternberg 2005, S. 37).

Mit diesen Worten beschreibt der Herausgeber des US-amerikanischen Sammelbandes »The Psychology of Hate« aus dem Jahre 2005 den aktuellen Forschungsstand. Der Band, der erkennbar unter dem Eindruck der Terroranschläge auf die New Yorker Zwillingstürme am 11. September 2001 steht, ist um die Eröffnung eines interdisziplinären Forschungsfeldes bemüht, zu dem auch das in diesem Zusammenhang gegründete »Journal of Hate Studies« beiträgt (Blee 2003/2004; Harrington 2003/2004). Was für die USA gilt, trifft auch auf Europa zu. Zwischen der unbestreitbaren Relevanz des Forschungsgegenstandes und dem verfügbaren Wissensstand klafft eine Lücke. Und das, obwohl in den letzten Jahren ein starkes Interesse der Humanwissenschaften an den emotionalen Grundlagen gesellschaftlichen Lebens festzustellen ist.

Davon zeugt etwa die Prominenz eines Konzepts wie der »emotionalen Intelligenz« (Salovey u. Pizarro 2003, S. 263 ff.; Barrett u. Salovey 2002). Unter diesen Begriff werden das lebenspraktische Wissen von Menschen um die Funktionsweise ihrer Emotionen sowie ihre Fähigkeit, dieses Wissen für ihr eigenes Leben und das ihrer Mitmenschen zu nutzen, thematisiert. Im Einzelnen geht es um die Selbst- und Fremdwahrnehmung differentieller Emotionen, um emotionalen Ausdruck und Ausdrucksverstehen, um die emotionale Beeinflussung kognitiver Prozesse sowie um die Regulierung von Emotionen zur Gestaltung sozialer Beziehungen nach Maßgabe differentieller Emotionsnormen (Hochschild 1979). Eine der größten Herausforderungen für eine intelligente Emotionsregulation ist die Kontrolle aggressiver Emotionen, da die Frage der Gewalt, zu deren Entstehungsbedingungen aggressive Emotionen gehören, als eine der Schicksalsfragen der menschlichen Gattung gilt.

Wer würde nicht gerne der Zivilisationstheorie (Elias 1936/1978) glauben, dass die Moderne einen gesellschaftlichen Rationalisierungsprozess in Gang setzt, der zu einer fortschreitenden Verringerung menschlicher Gewaltbereitschaft führt, bis schließlich ein Zivilisationsniveau erreicht wird, auf dem die Schrecken ein Ende haben, die Menschen einander bereiten? Freilich bestätigt bereits ein flüchtiger Streifzug durch die Massenmedien: Mit einer universalen Pazifisierung ist es nicht allzu weit her. Zivilisationstheoretisch gesehen sind viele Gesellschaften noch gar nicht in der Moderne angekommen. Und auch in denjenigen Gesellschaften, die sich zu Gewaltverzicht bekennen, ist der Alltag ihrer Mitglieder nach wie vor nicht völlig gewaltfrei. Das lässt vermuten, dass Zivilisation eine stets gefährdete Errungenschaft bleibt.

Mag man auch darüber streiten, ob die Gewaltbereitschaft im Laufe der Gattungsgeschichte tatsächlich abgenommen, lediglich ihre Formen geändert oder vielleicht sogar zugenommen hat (Dürr 1993), eines dürfte unbestreitbar sein: Mit zunehmendem Zivilisationsniveau ändert sich zumindest der Anspruch auf Friedfertigkeit. Friedfertigkeit ist auf dem Weg, eine globale regulative Idee zu werden, die alle Menschen unter Rechtfertigungsdruck setzt, die dagegen verstoßen.

Auf die Frage, warum Gewaltverzicht so schwer fällt, gibt es verschiedene Antworten. Die Perspektive, die hier eingenommen wird, fokussiert auf Emotionen (Retzinger 1991). Denn Gewaltbereitschaft ist keine rein rationale Handlungsbereitschaft, obwohl die Wahl von Gewaltmitteln aus guten Gründen erfolgen kann.

Ihre Wurzeln hat sie in der menschlichen Triebstruktur, wie sie sich im affektiven Leben manifestiert. Soziokulturell fällt dabei dem Hass – mythopoetisch gesprochen – die Rolle zu, das »Böse« zu verkörpern, gegen das zivilisationsgeschichtlich die Liebe antritt, um das »Gute« zur Geltung zu bringen.

Trotz dieser Hauptrolle gibt es in den Humanwissenschaften einen erheblichen Bedarf an einer theoretisch befriedigenden Konzeptualisierung des Hasses wie auch an aussagefähigen empirischen Untersuchungen. Zu oft wird Hass als Sammelbezeichnung für alle möglichen aggressiven Emotionen gebraucht. So gesehen, erlaubt der verfügbare interdisziplinäre Wissensbestand kein einfaches Übersichtsreferat. Stattdessen sollen verschiedene Facetten des Hasses beschrieben und diskutiert werden, um das Forschungsfeld für eine systematische Erschließung abzustecken. Dabei werden Beispiele angeführt, die aus verschiedenen historischen Zeiten und verschiedenen Lebensbereichen stammen. Diese Heterogenität, die auch literarische Dokumente einbezieht, ist beabsichtigt, um die Ubiquität der Phänomene zu illustrieren.

Zwar können Menschen auch politische Verhältnisse oder Kunststile hassen. Der Hass, von dem im Folgenden die Rede ist, meint jedoch den Hass unter Menschen. Dennoch werden Menschen, die anderen Menschen verhasst sind und deshalb von ihnen gehasst werden, hier als Hassobjekte bezeichnet. Das geschieht nicht allein aus einer akademischen Gepflogenheit heraus, sondern weil aller Hass von Menschen darauf aus ist, anderen Menschen ihren Status als Subjekt zu nehmen.

Ärger, Wut, Zorn – Hass

In emotionaler Hinsicht ist Gewaltbereitschaft mit Ärger, Wut, Zorn und letztlich Hass verbunden. Bestimmt man *Wut* (Averill 1982; Tavris 1992) als aggressiven Leitaffekt, so gehört er zu einem angeborenen Repertoire, zu dem weiterhin Freude, Trauer, Ekel, Angst und Überraschung, vielleicht auch noch Verachtung gehören. Neurophysiologisch lässt sich bei einem wütenden Menschen eine Hyperaktivität der subcorticalen Komponenten seines mäsolimbischen dopaminergen Systems feststellen. Diese Aktivität unterbricht normale Verhaltensmuster und versetzt einen Menschen in einen Ausnahmezustand. Gerät er in Wut, dann deshalb, weil er bestimmte innere oder äußere Ereignisse als Behinderungen erlebt, die ihm die Befriedigung eines Bedürfnisses oder die Erfüllung eines Wunsches versagen und dadurch schmerzhafte oder kränkende Unlust bereiten. Durch einen entsprechenden mimischen, gestischen und stimmlichen Affektausdruck teilt er diesen Zustand anderen Menschen mit, um ihnen seine Not und Hilfsbedürftigkeit anzuzeigen oder ihnen zu drohen, sollten sie für die Behinderung verantwortlich sein.

In gemäßigter Form erscheint die Versagung, die wütend macht, als eine Herausforderung, die alle kreativen Kräfte mobilisiert, um Bedürfnisse besser befriedigen und Wünsche besser erfüllen zu können. Insofern treibt Wut die Entwicklung voran. Sind die erlittenen Schmerzen oder Kränkungen jedoch unerträglich, weil das Ausmaß der Versagung die Bewältigungskapazität übersteigt und dadurch traumatisch wirkt, wird aus der Herausforderung eine Lebensbedrohung, die es mit einem Angriff auf die vermeintliche Ursache für die Versagung zu beseitigen gilt. Bleibt dieser Versuch erfolglos, geht »rasende« Wut, wie sie einen »Wutanfall« kennzeichnet, in »ohnmächtige« Wut über, in der sich die Person »verzehrt«.

Hat ein Angriff dagegen Erfolg, dann »verraucht« die Wut, die zuvor »ausgebrochen« ist. Die Metaphern, welche die zyklische Dynamik der Wut beschreiben, verweisen zum einen auf eine Feuersbrunst, in der Menschen »wutentbrannt« sind. Zum anderen bewahren sie die Erinnerung an ein überliefertes Symbol für Wut: den Vulkan, dessen Massiv das Feuer solange zurückhält, bis der innere Druck zu groß wird und es zu einem Ausbruch kommt. Diesen Verlauf bezeichnen auch Ausdrücke wie vor Wut »explodieren« oder »platzen«.

Im Vergleich mit der extravertierten Wut ist *Ärger* (Weber 1994) sehr viel introvertierter. Das belegen schon die Intuitionen des Sprachgebrauchs: Ein Mensch ärgert sich über einen anderen Menschen, ist aber wütend auf ihn. Im Ärger wendet sich seine Aggression in einer primären Bewegung gegen ihn selbst. Diese präreflexive Selbstbezüglichkeit bedarf in einer sekundären Bewegung einer Wendung auf den anderen Menschen hin, der ihn geärgert hat. Jemanden zu ärgern, klingt vergleichsweise harmlos, was darauf verweisen mag, dass eine Externalisierung des Ärgers immer nur begrenzt möglich ist. Anders die Wut: Zwar kann ein Mensch auf sich selbst wütend sein, die Wendung gegen die eigene Person erscheint aber in ihrem Fall nicht als primäre, sondern als sekundäre Bewegung.

Von der Wut ist nicht nur der Ärger, sondern auch der *Zorn* (Darwin 1872/1986; Werner 1999) zu unterscheiden. Er hat die geringste präreflexive Selbstbezüglichkeit. Auf sich selbst zornig zu sein, ist ein eher befremdlicher Sprachgebrauch. Zorn richtet sich eindeutig gegen ein Objekt in der Außenwelt. Und während Ärger und Wut auch Verhältnisse und Sachen betreffen können, gilt das für den Zorn nicht. Zürnen kann ein Mensch nur anderen Menschen, die er verantwortlich macht, ihn zu behindern.

Kennt die Wut, vor allem im Wutanfall, kein Ziel, weshalb sie so lange anhält, bis sie sich »erschöpft« hat, verschwendet der Zorn keine Energie. Ein zorniger Mensch setzt sie sehr viel überlegter ein. Deshalb ist Zorn im Vergleich zur Wut, die »aus dem Bauch« kommt, eine Kopfgeburt – mit Ausnahme vielleicht des jähen Zorns, des Jähzorns, der plötzlich, der Wut vergleichbar, »aufbraust«, aber letztlich doch nicht wütet. Denn auch er fasst wie jeder Zorn ein Ziel ins Auge. Diese Zielorientierung prägt die Gesichtszüge des Zornigen: Seine Augen verengen sich zur Nasenwurzel hin und erzeugen die sprichwörtlich gewordene steile Zornesfalte, die ihm wie eine Visiereinrichtung mimisch ins Gesicht geschrieben steht. Dazu »funkelt« er mit seinen Augen. Er spricht mit »schneidender« Stimme, »kalt bis ins Herz«, darauf ausgerichtet, den »Kopf oben zu behalten«, wozu gehört, den Widersacher in die Schranken zu weisen, ohne sich selbst zu schaden.

Anders, wer vor Wut »schäumt« oder »kocht«. Der »verliert den Kopf«. Seine Augen »flackern«. Er fletscht die Zähne und schnaubt. Die Sprache, die der Wütende gebraucht, geht in Schreien über. Übrig bleibt eine energetische Eruption, die keine Verständigung erlaubt. Dieser Sprachzerfall macht deutlich, dass es sich bei der Wut um einen Notfall handelt. Ein Mensch, der wütet, schlägt um sich, gleich, was er dabei trifft. So tritt niemand auf, der sich seiner sicher ist. Im Gegenteil: Indem der Wütende seine Selbstbeherrschung verliert, macht er seinen Widersacher erst auf seine Ohnmacht aufmerksam, die er doch zu maskieren versucht, indem er sich wie ein »Berserker« aufführt, der etymologisch auf einen Mann im Bärenfell verweist, der sich wild gebärdet, in der magischen Hoffnung, dass die Stärke des Bären auf ihn übergeht.

Mag Wut auch eine selbstsuggestive Wirkung haben, die Stärke verleiht, dann bewirkt sie das doch nur vorübergehend und um den Preis eines mehr oder weniger gravierenden Realitätsverlusts. Wer in »blinder« Wut »tobt«, sieht nicht nur nichts, sondern wird, auch darüber klärt die Etymologie auf: taub. Er verliert die Möglichkeit zu hören, vor allem Sinn verstehend hin- und zuzuhören. Stattdessen verfällt er in einen Reiz-Reaktions-Schematismus, der nur seinen Widersacher stark macht – vorausgesetzt, der lässt sich nicht erschrecken, sondern behält seinerseits die Selbstbeherrschung. Damit kann er den Wütenden »bis zur Weißglut« reizen, in der dieser »ausbrennt«.

Das passiert dem Zornigen nicht. Denn anders als der Wütende ist er sich seiner Sache sicher. Zorn »heilig« zu nennen, meint genau dies: sich im Bewusstsein zu empören, Recht zu haben. Indessen ist ein solcher Zorn ursprünglich ein Attribut Gottes, dem alleine es zusteht, sicher zu wissen, was gut und böse ist. Wer sich im Zorn dieselbe Urteilsfähigkeit anmaßt, gerät in Gefahr, selbstgerecht zu werden. Wo er es wird, verliert auch der Zornige den Bezug zur Realität. Und so können Wut und Zorn, wenn auch auf unterschiedliche Weise, doch gleichermaßen die Realitätsprüfung schwächen, weil sie dem Verstand nicht die Zeit geben, die er braucht, um vernünftige Urteile zu fällen.

Mit Ärger, Wut und Zorn verglichen, gehört *Hass* (Royzman et. al. 2005; Kernberg 1995) auf eine andere Dimension des menschlichen Aggressionspotenzials. Zwar wird auch er gefühlt, konzeptionell lässt er sich aber treffender als ein spezifischer (komplexer) Modus emotionalen Erlebens und Handelns begreifen. Seine Gefühlsintensität ist hoch, bleibt aber hinter den Spitzenwerten der Wut zurück. Zudem fehlt ihm die anfallsartige Dynamik, was ihn auf einem hohen Intensitätsniveau verstetigt. Diese Verstetigung erfolgt dadurch, dass der Hass und mit ihm die Gewaltbereitschaft, die er zu motivieren vermag, in die Persönlichkeitsstruktur eines Menschen psychisch integriert wird. So gewinnt er die Stabilität eines – wie auch immer neurobiologisch fixierten – Charakterzugs.

Menschen können ihrem Hass in unterschiedlichem Maße zustimmen. Es gibt Menschen, die von ihrem eigenen Hass überrascht werden, entsetzt sind, dass sie hassen, sich dafür schämen und es lieber hätten, nicht hassen zu müssen. Ein solcher Hass ist ich-dyston. Als Charakterzug wird Hass dagegen ich-synton. Er verliert alles Befremdliche. Statt über sich selbst zu erschrecken, sind Menschen, die auf diese Weise hassen, stolz auf ihren Hass. Sie lassen keine Gelegenheit aus, ihn zu »nähren«: sich wieder und wieder zu bestätigen, wie hassenswert ihr Hassobjekt ist. Der Hass, den sie fühlen, erscheint ihnen als Wert, der ihrem Leben einen höheren Sinn verleiht, weshalb sie buchstäblich ihr Heil darin sehen, ihr Hassobjekt mit ihrem Hass zu verfolgen (Blum 1995).

Befragt man ein weiteres Mal den Sprachgebrauch, so ist zum einen von leidenschaftlichem, »heißem« Hass, zum anderen von kalkulierendem, »kaltem« Hass die Rede. Damit wird nach eben den emotionalen »Temperaturen« (Sternberg 2003, S. 311 ff.) unterschieden, die auch bei Wut und Zorn vorkommen. Während Wut primär zu den »heißen« Emotionen gehört, aber auch »kalt« sein kann, verhält es sich bei Zorn umgekehrt: Er ist eine »kalte« Emotion, die als Jähzorn aber »heiß« wird.

Lässt sich somit eine Entwicklungsreihe begründen, die von Ärger, Wut und Zorn zu Hass führt? Will man das so sehen, ist zumindest eine Präzisierung notwendig: Wer ein bestimmtes Objekt – und sei es die ganze Welt – hasst, kann sich dennoch nach wie vor auch über dieses Objekt ärgern, kann gegen es wüten und ihm zürnen. Hass ersetzt die anderen aggressiven Emotionen nicht. Sie existieren neben- und miteinander.

Wie generalisierbar die skizzierte Phänomenologie ist, lässt sich nur schwer sagen. Skepsis schadet aber nicht. Denn Emotionen sind immer auch Deutungsmuster, in denen sich die Besonderheiten einer bestimmten soziokulturellen Praxis körperlich niederschlagen. Folglich ist mit signifikanten Unterschieden zu rechnen: interkulturell und historisch (Mesquita 2001). Dies gilt sogar dann, wenn Ärger, Wut und Zorn neurobiologisch zu differenzieren sein sollten. Denn auch neurobiologische Erregungsmuster werden nur in sozialisierter Form wirksam.

Individueller und kollektiver Hass

Hass ist nicht nur ein individueller Modus emotionalen Erlebens und Handelns, sondern auch ein kollektiver, wobei der kollektive Aspekt zwei Bedeutungen hat: zum einen, dass Hass das Erleben und Handeln einer ganzen Gruppe von Menschen beeinflusst, zum anderen, dass Menschen einander hassen, weil sie bestimmten – verhassten – Gruppen angehören.

Wenn ein Mensch einen anderen Menschen hasst, dann verweisen die sprachlichen Wendungen »etwas an ihm hassen« und »ihn hassen« auf einen wichtigen Unterschied: Der Hass kann einem bestimmten Merkmal des anderen Menschen gelten oder ihm als ganzer Person. Die Grenze zwischen beiden Fällen hängt nicht zuletzt von der Zentralität des Merkmals ab. Bei zentralen Merkmalen und das heißt: Merkmalen, die Identität stiften, wird der andere Mensch als ganze Person gehasst, weil er ein bestimmtes zentrales Merkmal hat. Dagegen fällt es bei marginalen Merkmalen leichter, zwischen Merkmal und Person zu trennen. Dann hasst ein Mensch das betreffende Merkmal an einem anderen Menschen, nicht aber zugleich die ganze Person. Der Bereich verhasster Merkmale ist empirisch offen; es gibt kein Merkmal, das an einem anderen Menschen nicht auch gehasst werden könnte.

Von besonderer Bedeutung ist es, wenn das Merkmal, weshalb ein Mensch einen anderen Menschen hasst, dessen Zugehörigkeit zu einer bestimmten sozialen Gruppe (= sozialen Kategorie) ist. Er hasst ihn dann, weil er die soziale Gruppe hasst, der dieser angehört. Wird ein Mensch aber mit seiner sozialen Gruppe identifiziert, verliert er seinen Status als Individuum. Aufgrund dieser Diskriminierung wird dem betreffenden Menschen eine Konfiguration von Merkmalen zugeschrieben. Eine solche Typisierung macht es schwer, die Unterscheidung zwischen Merkmal und ganzer Person aufrechtzuerhalten. Wird sie aufrechterhalten, dann häufig über die Konstruktion einer »Ausnahme von der Regel«. Wenn ein Antisemit einem Juden bescheinigt, er sei so ganz anders als die Juden, weshalb er ihn nicht hasse, hasst er ihn, weil er den Auszunehmenden missbraucht, um dessen Zugehörigkeit zu diffamieren.

Oftmals hasst ein Mensch einen anderen Menschen, weil er

selbst zu einer bestimmten sozialen Gruppe gehört. Sein Hass ist dann auch kein individueller. Vielmehr tritt er als Protagonist seiner eigenen sozialen Gruppe auf: Indem er den anderen Menschen hasst, hassen die Seinen die Anderen. Von kollektivem Hass zu sprechen, führt einen korporativen Akteur ein, wobei die interindividuellen Unterschiede derer, die hassen, ebenso vernachlässigt werden, wie die Unterschiede derer, die gehasst werden.

Aussagen über korporative Akteure haben keine direkte Entsprechung für diejenigen Menschen, die zu der betreffenden sozialen Gruppe gehören. Zugehörigkeiten implizieren allerdings Erwartungen, mit denen sich alle Zugehörigen auseinandersetzen müssen. Insofern verlangt kollektiver Hass stets eine individuelle Stellungnahme, in der sich die einzelnen Menschen in Bezug auf ihre soziale Gruppe positionieren. Folglich meint Gruppenhass die dominante Art und Weise, wie in einer Gruppe Wirklichkeit konstruiert wird, was immer auch diejenigen ihrer Mitglieder tangiert, die individuell nicht hassen.

Wie kommt es überhaupt zu einer Kollektivierung von Hass? Zum einen ist denkbar, dass bestimmte Ereignisse im sozialen Leben einer Gruppe eintreten können, die bei allen Gruppenmitgliedern gleichermaßen – mehr oder weniger – Hass erzeugen, zum anderen, dass bestimmte Gruppenmitglieder andere Gruppenmitglieder mit ihrem individuellen Hass »anstecken«. Beide Fälle sind freilich nicht unabhängig voneinander, weil es vermutlich darauf ankommt, wie die Meinung bildenden Mitglieder einer Gruppe auf die Ereignisse reagieren. Man darf vermuten, dass Gruppenmitglieder mit einem hohen Status in dieser Hinsicht einflussreicher sind als andere. Den größten Einfluss haben demnach die Führer von Gruppen, denen damit in der Entstehung und Bewältigung von Hass eine besondere Funktion und Verantwortung zukommt.

Es ist der Führer einer Hassgruppe, der seine Gefolgschaft auf das Hassobjekt ausrichtet. Zu diesem Zweck muss er alle Zweifel zerstreuen. Er tut dies, indem er absolute Gewissheit in Szene setzt. Kein Wenn und Aber. Die Form seiner Botschaften deckt deren Inhalt zu. So hören die Mitglieder einer Hassgruppe mehr darauf, wie gewiss sich ihr Führer äußert. Es erscheint ihnen als Schwäche, wenn jemand für Realitätsprüfung und Irrtumsvorbehalt eintritt. Nun eignet sich nicht jeder zu jeder Zeit dazu, die Rolle des Führers zu übernehmen. Ebenso lässt sich nicht jede Gruppe für beliebige Anliegen mobilisieren. Gefolgschaft kommt in einer Hassgruppe nur zustande, wenn es einem Gruppenmitglied mit Führungsanspruch gelingt, den Hass aufzugreifen, zu verstärken und auszurichten, dessen Anlagen die Gruppenmitglieder bereits in sich tragen. In diesem Sinne setzt er ihn eher frei, als dass er ihn verordnet. Gegebenenfalls klagen die Gruppenmitglieder, sie seien von ihm manipuliert worden. Dabei betreiben sie eine solche Verantwortungsdelegation aber nur deshalb, um sich ihr eigenes Entgegenkommen nicht eingestehen zu müssen. In diesem Sinne äußert Sigmund Freud (1916–1917/1960, S. 147), als im Ersten Weltkrieg die verheerende Schlacht von Verdun beginnt, vor den Zuhörern seiner Vorlesungen: »Glauben Sie wirklich, dass es einer Handvoll gewissenloser […] Verführer geglückt wäre, all diese bösen Geister zu entfesseln, wenn die Millionen von Verführten nicht mitschuldig wären?«

Hassgruppen können sehr unterschiedliche Führer haben. So kann sich eine Person als Führer empfehlen, die besonders ausgeprägte Vorurteile gegenüber dem Hassobjekt hat. Dies trifft etwa auf die paramilitärischen Gruppierungen der Nationalsozialisten der 1930er Jahre zu. Deren Anführer waren deutlich antisemitischer eingestellt als die übrigen Gruppenmitglieder (Merkel 1980). Das muss aber nicht zwangsläufig so sein. Beispielsweise interessieren sich etliche Anführer des Ku-Klux-Klans vor allem für die Macht, die mit der Führerposition verbunden ist. Deshalb verhalten sie sich gegenüber anderen – vorurteilsvollen – Gruppenmitgliedern zynisch, indem sie sich über deren Glauben an die natürliche Überlegenheit der weißen Rasse lustig machen (Ezelviel 2002). Überhaupt ist – etwa für terroristische Gruppierungen (McCauley u. Segal 1989) – gut belegt, dass viele gewalttätige Handlungen aus keinem ideologisch motivierten Hass resultieren, sondern aus einer Gefolgschaft, die auf persönlichen Bindungen unter den Mitgliedern einer Hassgruppe beruht.

Hass als Handlungsmotiv – am Beispiel von Hassverbrechen

Alle aggressiven Emotionen sind geeignet, Gewaltbereitschaft zu erzeugen – zumindest zu deren Motivierung beizutragen. Man würde aber ihren Beitrag überziehen, wollte man alle festgestellten Gewalttätigkeiten pauschal auf sie zurückführen. Damit stellt sich die Frage nach den Kriterien, an denen sich erkennen lässt, ob eine bestimmte Handlung durch Hass motiviert ist oder nicht. Um die Relevanz dieser Frage zu veranschaulichen, sei im Folgenden das Konzept des Hassverbrechens (McDevitt u. Williamson 2002; Perry 2001) diskutiert, das von den USA aus weltweite Beachtung gefunden hat.

Nach einer längeren Gesetzesdebatte im Repräsentantenhaus der USA wurde 1990 der »Hate Crime Statistics Act« verabschiedet. Er verpflichtet erstmals in einem Staat die Behörden dazu, die Häufigkeitsverteilung einer bestimmten Art krimineller Delikte zu dokumentieren. Zu diesen Delikten gehören physische und psychische Gewalt gegen Farbige, gegen Schwule und Lesben, gegen Prostituierte, Drogenabhängige und Obdachlose, gegen Kranke und Behinderte, gegen Juden und Muslime – mithin gegen gesellschaftliche Randgruppen, unabhängig von ihrer Gruppengröße. Denn auch Gewalt gegen Frauen und Alte wird erfasst, beides Gruppen, die keine Minderheiten sind.

Der Idee nach dient ein solches Gesetz dem Schutz aller gesellschaftlichen Gruppen, die in der einen oder anderen Form von dem abweichen, was in einer Gesellschaft für normal erachtet und als Normalität verteidigt wird. Nicht die zahlenmäßige Größe gibt den Ausschlag, sondern die Definitionsmacht, über die eine Gruppe verfügt. Zum Beispiel unterscheiden sich die natürlichen Geburtsraten von Männern und Frauen zwar kaum, in einer patriarchalen Gesellschaft ist Normalität jedoch männlich codiert, weshalb Frauen als das abweichende Geschlecht gelten.

Nun sind Gesellschaften niemals so homogen, wie es die Rede von der Gesellschaft suggeriert. Normalität als Beachtung geltender Normen oder gar Identifikation mit ihnen ist immer auch mehr oder weniger strittig und damit prinzipiell offen für Veränderungen. Was die Mehrzahl der Mitglieder einer Gesellschaft für normal erachtet, kommt deshalb letztlich weniger Gewicht zu als den institutionalisierten Praktiken, die individuelle Gewalt und strukturelle Gewalt kurz schließen. Nach wie vor erschütternd ist das Beispiel der »Reichskristallnacht«: Gewalt gegen Juden wurde damals nicht nur nicht bestraft, sondern legitimiert. Spätestens ab diesem Zeitpunkt sah sich der »gute« Deutsche mit der staatlichen Erwartung konfrontiert, Juden zu eliminieren.

Wird physische und psychische Gewalt gegen jene Gesellschaftsmitglieder, die im skizzierten Sinne anders leben, nun als Hassverbrechen begriffen, so liefert der Begriff gleich eine Erklärung der Motivation für solche Gewaltakte mit: Unterstellt wird, dass die Täter ihre Opfer hassen. Diese pauschale Unterstellung verdeckt indessen die Schwierigkeiten, die es im Einzelfall bereitet, Motive zuzuschreiben.

Bei der Zuschreibung von Hass als Motiv eines Verbrechens – oder überhaupt einer Handlung – ist zwischen der Selbstzuschreibung durch den Täter und den Fremdzuschreibungen durch sein Opfer sowie durch den Beobachter der Tat zu unterscheiden. Gibt ein Täter an, sein Opfer zu hassen, so darf diese Selbstzuschreibung nur dann als valide Auskunft über seine Motive gelten, wenn Täuschung und Selbsttäuschung ausgeschlossen werden können. Im Falle einer Täuschung erlebt der Täter zwar, dass er seinem Opfer Gewalt angetan hat, weil er es hasst, hält es aus strategisch-taktischen Gründen aber für besser, ein anderes Motiv vorzugeben, am besten eines, das ihn so weit wie möglich vor Sanktionen schützt, was einer Selbstzuschreibung von Hass als Handlungsmotiv in der Regel nicht gelingt. Der Fall einer Selbsttäuschung ist komplizierter. Denn Menschen können nicht nur einander über die Motive ihrer Handlungen täuschen. Sie können sich auch über ihre eigenen Motive täuschen. Dann glaubt der Täter zum Beispiel, sich lediglich selbst verteidigt zu haben, weil er auch nicht erlebt, sein Opfer zu hassen. Nun definiert aber niemand eine soziale Situation alleine. Wer es dennoch versucht, setzt sich dem Verdacht aus, sich einer Prüfung seiner Motive entziehen zu wollen – als seien Täuschung und Selbsttäuschung undenkbar. So gesehen ist die Prüfung von Motiven ein sozialer Prozess, der das Ziel verfolgt, Selbstzuschreibungen und Fremdzuschreibungen abzugleichen.

Nehmen wir zunächst das Opfer: Welches Motiv schreibt es selbst dem Täter zu? Wenn es denkbar ist, dass der Täter sich selbst oder andere täuscht, dann hat dies auch für sein Opfer zu gelten. Gibt es an, die Handlung des Täters sei durch Hass motiviert, so kann es sich selbst täuschen oder andere täuschen wollen. Angenommen, es hänge vom Motiv einer Handlung ab, wie das Opfer sozial wahrgenommen und behandelt wird: Könnte das Opfer dann nicht ein Interesse daran haben, die Handlung als hassmotiviert erscheinen zu lassen, weil es dadurch etwa mehr soziale Unterstützung bei der Bewältigung seines Leidens erhält? Andererseits erleichtert es aber vielleicht gar nicht seine Bewältigung, weil die Wahrnehmung, gehasst zu werden, hoffnungslos macht: Glaubt ein Afroamerikaner, er sei wegen seiner Hautfarbe zum Opfer einer Gewalttat geworden, weiß er nicht, wie er sich zukünftig verhalten soll, um eine weitere Gewalttat gegen sich zu verhindern. Selbst, wenn er wollte, könnte er das Merkmal, an dem sich der Hass des Täters entzündet hat, nicht verändern. Unter solchen Bedingungen mag eine Selbsttäuschung hilfreich sein: Das Opfer glaubt dann lieber daran, den Täter provoziert zu haben, als von ihm gehasst zu werden, weil es dadurch die Chance wahrnimmt, sich zukünftig besser schützen zu können, indem es sich weniger provokant verhält.

Und der Beobachter? Zwar ist er nicht in gleicher Weise interaktiv verstrickt wie Täter und Opfer, aber auch er kann keine privilegierte Position für sich in Anspruch nehmen, die darauf zu verzichten erlaubte, die Motive zu berücksichtigen, die Täter und Opfer angeben. Dies gilt auch dann, wenn es sich bei dem Beobachter um einen Experten handelt, der für die Rekonstruktion von Handlungsmotiven geschult ist. Auch er kann sich täuschen. Und ebenso andere täuschen, wenn es ihm nützt.

Sich vor Augen zu führen, dass die Zuschreibung von Handlungsmotiven stets perspektivisch erfolgt und somit eine interessengeleitete, immer auch irrtumsanfällige Erkenntnisleistung ist, verlangt die Vorannahmen zu rekonstruieren, die lebensweltliche, professionelle oder wissenschaftliche Motivzuschreibungen implizieren. So suggeriert ein Begriff wie Hassverbrechen, die Frage nach den Motiven erübrige sich. Das ist aber eine unbefriedigende Reduktion der tatsächlichen Komplexität: Wenn Jugendliche, die einen Obdachlosen halb tot geprügelt haben, gefragt werden, können sie ganz Verschiedenes zur Sprache bringen: Langeweile, Nervenkitzel, Imponiergehabe und die Verteidigung des eigenen Reviers gegen Eindringlinge, vielleicht auch die Vorstellung, der Gesellschaft einen Dienst zu erweisen, indem man sie von »unnützen« Mitgliedern »säubert«. Wann sind es eigenständige Motive, wann Facetten von Hass? Vermutlich haben wir es meist mit gemischten Motiven zu tun, weshalb die Frage nach Hass als Handlungsmotiv genauer genommen nach dem Ausmaß fragt, mit dem dieser Modus emotionalen Erlebens und Handelns zur Motivierung eines Verbrechens beiträgt

Das Problem verschärft sich, wenn Aussagen über kollektiven Hass getroffen werden. Nehmen wir das Beispiel des Mädchenmordes aus Frauenhass: In den letzten zwanzig Jahren dürften in Indien etwa zehn Millionen weibliche Föten gezielt abgetrieben worden sein (Reiter 1997, Kap. 4.4). Zwar hat es in Indien ebenso wie in China eine lange Tradition, unerwünschte Mädchen zu ersticken, zu vergiften oder auszusetzen. Dass es inzwischen zu einer systematisch betriebenen massenhaften Selektion nach Geschlecht gekommen ist, liegt am technischen Fortschritt. Sie steigt mit der Verbreitung von Ultraschalluntersuchungen. Alle Religionsgemeinschaften betreiben in Indien diese Praxis, vor allem dann, wenn bereits das erstgeborene Kind ein Mädchen ist. Da Ultraschalluntersuchungen nicht flächendeckend angeboten werden und zudem teuer sind, wird von ungebildeten, armen und auf dem Land lebenden Eltern weniger abgetrieben als von gebildeten, wohlhabenden und in der Stadt lebenden Eltern. Ärzte, die mit mobilen Ultraschallgeräten übers Land reisen und preisgünstig zu Diensten sind, sorgen dafür, dass die Abtreibungsrate weiter ansteigt. Zwar ist es Ärzten gesetzlich verboten, wegen des Geschlechts abzutreiben und mehr noch: überhaupt das Geschlecht eines ungeborenen Kindes zu bestimmen. Es geschieht dennoch. Als Gründe für diese selektive Abtreibungspraxis gelten zum einen horrende Mitgiftforderungen und verschwenderische Hochzeitsfeste, die sich nur wenige leisten können. Zum anderen verlässt die Braut mit der Heirat ihr Elternhaus und steht damit, anders als es Söhne tun, nicht mehr für die Altersversorgung von Vater und Mutter zur Verfügung. Hinzu kommt schließlich die weit verbreitete Vorstellung, Töchter seien aufgrund ihres Geschlechts weit weniger wert als Jungen, so dass eine Familie auch nur dann die für ihre soziale Integration benötigte Anerkennung erhält, wenn sie Söhne vorzuweisen hat. Die skizzierte Praxis verletzt die Menschenrechte und lässt sich als Hassverbrechen begreifen, das durch einen patriarchalen Frauenhass motiviert ist. Damit würde freilich allen Abtreibungen von Mädchen, die aufgrund des Geschlechts erfolgen, Hass als Handlungsmotiv zugeschrieben: Es gäbe keine Fälle, in denen die Abtreibung zwar aufgrund des Geschlechts erfolgte, ohne dass aber Hass als Handlungsmotiv vorläge. Will man solche Pauschalurteile vermeiden, muss man nicht nur mit gemischten Motiven rechnen, sondern auch nach Kriterien fragen, die es erlauben, Hass als Handlungsmotiv von anderen Handlungsmotiven zu unterscheiden.

Aufgrund seines Vorgriffs auf ein Motiv, dessen Vorliegen nicht ungeprüft unterstellt werden darf, gilt der Begriff des Hassverbrechens inzwischen als untauglich. Es gibt Bestrebungen, ihn durch den Begriff »bias crime« (Lawrence 1994; Bufkin 1996) zu ersetzen. Damit tritt an die Stelle des Hasses das Vorurteil, was allerdings das Problem der Motivzuschreibung nicht löst, sondern lediglich von der Unterstellung eines bestimmten Modus emotionalen Erlebens und Handelns auf die Unterstellung bestimmter Kognitionen verschiebt.

Dass Vorurteile, die Bereitschaft beeinflussen können, auf eine bestimmte Weise zu handeln, ist gut belegt. Zum Beispiel hat eine US-amerikanische Untersuchung weiße Versuchspersonen experimentell in die Situation von Polizisten versetzt, die weiße oder afroamerikanische Verdächtige verfolgen. Diese Verdächtigen sind kurz zu sehen, wenn sie entweder eine Handfeuerwaffe oder einen harmlosen Gegenstand ziehen. Wer von den Versuchspersonen wird unter diesen Bedingungen wie schnell schießen? Es zeigt sich, dass die »weißen Polizisten« auf unbewaffnete afroamerikanische Verdächtige sehr viel schneller schießen als auf weiße Verdächtige, und das um so schneller, je mehr sie vorab von der vergleichsweise größeren Gefährlichkeit von Afroamerikanern überzeugt gewesen sind (Correll et al. 2003).

Insgesamt ist der Zusammenhang zwischen Vorurteilen und diskriminierenden oder sogar gewalttätigen Handlungen aber gering (Shutz u. Six 1996). Um die Handlungsbereitschaft zu erhöhen, bedarf es unterstützender Emotionen. Als Modus emotionalen Erlebens und Handelns konzipiert, verbindet Hass beides: ein starkes aggressives Gefühl mit einem stereotypen Bild von einem entwerteten Objekt.

Aber auch dann müssen in den meisten Fällen, vor allem bei der Anwendung illegitimer Gewalt, situationsspezifische Faktoren hinzukommen, um Handlungshemmungen aufzuheben. Zu deren wirksamsten gehört die Anonymität der Täter. So zeigt eine Untersuchung von 500 Fällen religiös und politisch motivierter Gewalt in Nordirland, dass knapp die Hälfte der Täter maskiert gewesen ist und dass maskierte Täter gewalttätiger vorgegangen sind (Silke 2003). Dazu passt das Ergebnis einer Untersuchung über Lynchjustiz: Die Analyse von 60 Fällen zeigt, dass ein Lynchmob sich um so grausamer gegenüber seinem Opfer verhält, je größer der Mob ist, weil es mit zunehmender Größe einer Menschenmenge schwieriger wird, die einzelnen Beteiligten zu identifizieren (Mullen 1986).

Bestimmungsmerkmal: Rationalisierte Entwertung des Hassobjekts

Menschen, die hassen, bestreiten die Gleichwertigkeit ihres Hassobjekts. Sie sind von dessen Minderwertigkeit oder gar Wertlosigkeit überzeugt, wobei sie sich selbst den Wert zuschreiben, den sie ihm absprechen. Diese Entwertung kann zusätzlich dämonisiert sein. Dabei werden diejenigen Merkmale des Objekts, die als Ausweis seiner Minderwertigkeit oder gar Wertlosigkeit gelten, auf Kosten aller seiner anderen Merkmale betont, pars pro toto gesetzt und für unveränderlich erklärt, weil in ihnen sein »böses Wesen« zum Ausdruck komme. Eine solche Deutung versetzt das Hassobjekt in einen metaphysischen Raum, der jede konkrete Erfahrung mit ihm transzendiert. Davon bleibt auch der Hass auf das Hassobjekt nicht unberührt. Er wird sakralisiert. In der Regel sind die Immunisierungsstrategien aber profaner. Menschen, die hassen, verarbeiten Informationen über ihr Hassobjekt höchst selektiv. Sie nehmen nur wahr und für wahr, was die vorgenommene Entwertung stützt.

Nun ist Wissenschaft das Subsystem der modernen Gesellschaft, in dem das Ziel verfolgt wird, Wissen zu produzieren, das solchen Immunisierungsstrategien den Boden entzieht, indem es Vorurteile aufklärt. Allerdings fördert ein Blick in die Geschichte der Wissenschaften zahlreiche Theorien zutage, die lediglich abenteuerliche Werturteile fortschreiben, denen sie den Anschein wissenschaftlich geprüften Wissens verleihen und dadurch Entwertungen legitimieren.

Ein Beispiel von vielen: In seiner Theorie des psychischen Geschlechts unterscheidet C. G. Jung zwischen Animus und Anima. Animus ist männlich, Anima weiblich. Jeder Mensch weise neben seinem biologischen Geschlecht psychisch eine Mischung von Animus und Anima auf. In einem Vortrag des Jahres 1930 spricht Jung (1991, S. 526 ff.) über die Anima in einem Mann. Sie »ist immer mit der minderwertigen Funktion verbunden« und »repräsentiert die primitive Schicht der Psychologie des Mannes«. Damit nicht genug. Jung ordnet sie obendrein religionsgeschichtlich ein: Sie »ist eine ewige Ketzerin und passt überhaupt nicht [in die christliche Welt] hinein, eine völlige Heidin in mehr oder weniger offener Revolte gegen den christlichen Standpunkt«. Sie passt deshalb nicht, weil sie »die Qualität des Orients oder einer älteren Zivilisation annimmt«. Mit dieser Konzeptualisierung setzt Jung ein männlich konnotiertes Christentum an die Spitze der Kulturgeschichte und wertet ihm gegenüber andere Religionen ab, vor allem das – ältere, aus dem Orient stammende – Judentum, das weiblich konnotiert wird. Damit transportiert seine Konzeptualisierung aber eine antifeministische und antisemitische Voreingenommenheit, in der sich beide Diffamierungen wechselseitig verstärken.

Bestimmungsmerkmal: Intoleranz

Menschen, die hassen, verhalten sich ihrem Hassobjekt gegenüber intolerant. Was das bedeutet, erschließt sich am besten vom Gegenteil her: Eine *tolerante* Haltung (Horton u. Mendus 1999;

Forst 2003) verlangt von Menschen, auch dann darauf zu verzichten, ihre eigenen Überzeugungen gegen die Überzeugungen anderer Menschen durchzusetzen, wenn sie die Macht dazu haben und deren Überzeugungen für falsch erachten. Zudem müssen sie die Differenz, die zu den Überzeugungen der anderen Menschen bestehen, als signifikant wahrnehmen. Signifikant ist ein Unterschied erst, wenn die differenten Überzeugungen miteinander konkurrieren, mithin nicht gleichzeitig wahr und richtig sein können. Nur dann, wenn Menschen ihre eigenen Überzeugungen durch die Überzeugungen anderer Menschen in Frage gestellt sehen, ist es eine besondere Leistung, sie bestehen zu lassen. Strukturell bindet Toleranz Missbilligung und Billigung zusammen. Menschen, die konkurrierende Überzeugungen anderer Menschen tolerieren, missbilligen zwar diese Überzeugungen, billigen aber gleichzeitig deren Bestehen, weil andere Menschen von ihnen überzeugt sind. Des Weiteren besteht stets Freiwilligkeit. Eine tolerante Haltung wäre keine Leistung, wenn Menschen nur deshalb darauf verzichten würden, ihre eigenen Überzeugungen gegenüber konkurrierenden Überzeugungen anderer Menschen durchzusetzen, weil sie befürchten, nicht über ausreichend Macht zu verfügen. Toleranz verlangt höhere Gründe, wie es etwa die Beförderung der eigenen Suche nach Wahrheit und Richtigkeit durch die Bereitschaft ist, von konkurrierenden Überzeugungen zu lernen.

Dagegen nehmen Menschen eine *indifferente* Haltung (Zepf 1993) ein, wenn sie entweder Überzeugungen anderer Menschen billigen, die keinen signifikanten Unterschied machen und deshalb auch nicht in Konkurrenz zu ihren eigenen Überzeugungen stehen. Oder wenn Menschen trotz wahrgenommener signifikanter Unterschiede solche Konkurrenz vermeiden, indem sie darauf verzichten, den Anspruch auf Wahrheit und Richtigkeit ihrer eigenen Überzeugungen auf den entsprechenden Anspruch anderer Menschen zu beziehen.

Schließlich liegt eine *intolerante* Haltung vor, wenn Menschen ihre eigenen Überzeugungen gegen die missbilligten Überzeugungen anderer Menschen mit der ihnen zur Verfügung stehenden Macht durchzusetzen suchen, ohne deren konkurrierenden Anspruch auf Wahrheit und Richtigkeit zu billigen: »Je mehr mich meine Überzeugung auf Intoleranz verpflichtet, desto ungleichgewichtiger wird mein Weltbild; je höher ich mich rangiere, desto tiefer fallen die anderen« (Mitscherlich 1964/1983a, S. 263). In diesem Sinne impliziert Hass eine intolerante Haltung gegenüber seinem Objekt.

Wenn Menschen andere Menschen wegen ihres religiösen Glaubens hassen, dann tolerieren sie deren Glauben nicht (Bjorge 2002). Ihre Intoleranz beruht auf ihrem Erleben, dass deren Glaube ihren eigenen Glauben, sei es ihr eigener religiöser Glaube oder irgendein säkularisierter Glaube, negiert (Kakar 1996). In diesem Sinne ist es buchstäblich Hass auf »Andersgläubige«, in dem Glauben gegen Glauben steht. Ein Nebeneinander und schon gar ein Miteinander erscheinen ausgeschlossen, weil die bloße Existenz des anderen Glaubens belegt, dass der eigene Glaube nicht der einzig mögliche Glaube ist. Menschen, die als Gläubige einen anderen Glauben tolerieren, ertragen eine solche Relativierung. Gläubige, die sie nicht ertragen, können sich nicht indifferent verhalten, eben weil sie Gläubige sind. Sie müssen Stellung nehmen. Gäbe es den anderen Glauben nicht, bliebe ihnen eine Stellungnahme erspart. Folglich können sie sich eine Stellungnahme ersparen, wenn es ihnen gelingt, die anderen Gläubigen und deren Glauben – darin besteht die Intoleranz – auf irgendeine Weise aus der Welt zu schaffen. Ein solches Bestreben lässt allerdings vermuten, dass sich intolerante Gläubige ihres eigenen Glaubens nicht sicher sind.

Bestimmungsmerkmal: Angst

Menschen, die hassen, versuchen mit ihrem Hass auf ihr Hassobjekt und ihrer hassmotivierten Gewaltbereitschaft gegenüber diesem Objekt tief sitzende Ängste zu übertönen, die sie nicht ertragen. Oft sind es Ängste, im Vergleich mit anderen Menschen nichts wert zu sein. Hass und hassmotivierte Gewaltbereitschaft bringen diese Angst zum Schweigen und haben insofern eine beruhigende Funktion. Da sie sich allmählich entwickeln, sind sie nicht von Anfang an in voller Intensität vorhanden. Vor allem muss eine Schwelle überschritten werden, um gewalttätig zu werden. Damit sind Weichenstellungen möglich. Was die Schwelle senkt, ist der vorgestellte und mehr noch der erlebte Triumph über das Hassobjekt, der die Angst vertreibt. Dieser reaktive Hass kann in einen Hass umschlagen, der das Hassobjekt prophylaktisch anspringt, um ganz sicher zu gehen, dass die Abwehr hält. Gefühlt wird dabei allenfalls die Furcht vor den Schmerzen eines Kampfes mit dem Hassobjekt, wenn der Hass nicht auch sie von vornherein kontraphobisch zu einer Lustprämie verklärt.

Die Entwicklung und Habitualisierung gewaltbereiten Hasses hängt aber nicht nur von einer belohnend wirkenden Angstminderung ab, sondern auch von den möglichen sozialen Belohnungen, die Menschen, die hassen, zuteil werden. Bleibt er unwidersprochen oder erfolgt der Widerspruch nicht entschieden genug, kann er über eine »Konsensusillusion« als heimliche Zustimmung interpretiert werden. Das Bedürfnis von Menschen, die hassen, ihren Hass auf ihr Hassobjekt mit anderen Menschen zu teilen, verweist darauf, dass sie sich nach Vergemeinschaftung sehnen. Hassgruppen bieten solche Zugehörigkeiten. Der Preis dafür sind hohe Loyalitätspflichten, die zu einer Radikalisierung führen. Indem sich die Mitglieder solcher Gruppen wechselseitig ihren Hass bestätigen, verschließen sie sich zunehmend gegenüber Mitmenschen, die anders denken. Hinzu kommen gemeinsam begangene Gewalttaten, die insofern die Gruppe zusammenschweißen, als sie alle Mitglieder – niemand darf sich ausnehmen – zu Mitschuldigen macht.

Nimmt man das Beispiel hasserfüllter und gewaltbereiter Jugendlicher, dann zeigt sich (Sütterly 2002), dass viele von ihnen eine Karriere als Gewaltopfer hinter sich haben. Ihnen ist von früh an selbst Gewalt angetan worden, was heißt: sie sind unter ständiger Angst vor Angriffen aufgewachsen. Um diese Angst nicht ständig erleben zu müssen, haben sie sich mit ihren Angreifern identifiziert (A. Freud 1936/1977, S. 85 ff.). Diese Identifizierung lässt sie nun andere Menschen gewaltbereit hassen und zwar nicht selten solche Menschen, die ihnen ähnlich sind. Mithin greifen sie gerade diejenigen an, für die sie aufgrund eines gemeinsamen Schicksals ein besonderes Verständnis haben könnten. Indem sie dies tun, wechseln sie die Seiten. Statt die Aggressoren zu bekämpfen, unter denen sie leiden, werden sie selbst zu Aggressoren: Um nicht selbst Angst haben zu müssen, sorgen sie dafür, dass sich ihr Hassobjekt vor ihnen ängstigt. Diese Psychodynamik verschafft ihnen einen starken »thrill«, der ihre Gewaltbereitschaft verstärkt (Baumeister u. Campbell 1999). Gleiches gilt für viele rechtsradikale Jugendlichen, die stolz verkünden: »Wir sind die Kraft, die Deutschland sauber macht« (Streek-Fischer 1994), aber ihren Fremdenhass brauchen, um tief sitzende Ängste vor der eigenen Minderwertigkeit zu besänftigen (Veigel 2003).

Nach einer populären Vorstellung ist hasserfüllte Gewaltbereitschaft eng mit einem niedrigen Selbstwert verbunden: Wer sich als minderwertig erlebt, der entwertet andere Menschen. Die vorliegenden Befunde (Baumeister et al. 1996) erlauben es, diese Vorstellung zu differenzieren. Denn es sind vor allem Menschen mit einem hohen, aber instabilen Selbstwert, die zu hasserfüllter Gewaltbereitschaft neigen (Bushman u. Baumeister 1998). Dieser Befund trifft auch auf narzisstische Menschen zu (Rhodewalt et al. 1998). Denn Narzissmus ist als Selbstliebe missverstanden. Ihm liegt ein Selbsthass zugrunde, der daraus resultiert, dass narzisstische Menschen weit hinter dem grandiosen Bild von sich selbst zurückbleiben, dessen Bestätigung sie aber benötigen, um sich selbst als liebenswert und nicht selten sogar als lebenswert zu fühlen. Ihre vermeintliche Selbstliebe imponiert als Arroganz, die Minderwertigkeitsgefühle verbergen soll. Narzisstische Menschen suchen ihre Mitmenschen auf diese Weise (in einer anderen Variante auch durch Schüchternheit: vgl. Mertens 2005, S. 167 ff.) davon abzuhalten, ihnen so nahe zu kommen, dass sie erkennen können, wie wenig ihre Grandiosität durch die Realität gedeckt ist. Eine solche Diskrepanz erzeugt Schamgefühle, die sich nicht dauerhaft still stellen lassen. Alles, was an die Diskrepanz erinnert, zwingt narzisstische Menschen dazu, sich »in Grund und Boden« zu schämen. Folglich entwickeln sie Schamangst: die Angst, die beschämende Diskrepanz nicht verbergen zu können. Diese Angst kann so groß sein, dass bereits kleinste Hinweise auf die Diskrepanz – zum Beispiel eine beiläufig geäußerte konstruktive Kritik – als unerträgliche Kränkung erlebt und aggressiv beantwortet wird. Letztlich reagieren narzisstische Menschen kaum mehr auf ihre Mitmenschen, sondern nur noch auf sich selbst. Da sie Kränkungen zutiefst fürchten, nehmen sie ständig Kränkungen wahr, wobei ihnen aber entgeht, dass sie durch ihre leichte Kränkbarkeit erst die befürchteten Situationen provozieren. Hasserfüllte Gewaltbereitschaft ist in diesem Zusammenhang ein letztlich hilfloser Versuch, eine Welt unter Kontrolle zu bringen, die voller Kränkungen erscheint, und sei es dadurch, dass alles, was kränken könnte, vernichtet wird, bevor es kränkt.

Bestimmungsmerkmal: Paranoides Misstrauen

Menschen, die hassen, misstrauen ihrem Hassobjekt und zwar paranoid. Paranoides Misstrauen (Haubl 2005b) ist mehr als »gesundes Misstrauen«, das der Selbsterhaltung und Selbstbehauptung dient, indem es Menschen – vor allem in Anbetracht konkreter Erfahrungen – vorsichtig macht und sie deshalb in Situationen, in denen es fatal wäre, sich zu täuschen, veranlasst, die Signale der Vertrauenswürdigkeit anderer Menschen besonders sorgfältig zu prüfen. Geht diese Vorsicht in paranoides Misstrauen über, verschieben sie ihre Handlungsorientierung. Aus ihrer bisherigen Unterstellung, solange von einem grundsätzlichen Wohlwollen anderer Menschen auszugehen, bis das Gegenteil bewiesen ist, wird die Unterstellung, bis zum Beweis des Gegenteils davon auszugehen, dass andere Mensch ihnen übel wollen. Deshalb stellen sie alle Signale der Vertrauenswürdigkeit, die andere Menschen geben, unter den Generalverdacht, Vertrauenswürdigkeit nur vorzutäuschen. Folglich erscheint es ihnen rational, ihre Kräfte zu mobilisieren, um entsprechende Täuschungsversuche zu entlarven, was ihnen immer gelingt, da sie nicht bereit sind, ihre Prämisse, dass andere Menschen tatsächlich übel gesinnt sind, in Frage zu stellen.

Derart in einem zirkulären Denken befangen, entsteht die Paradoxie, dass Menschen, die anderen Menschen paranoid misstrauen, ihnen ständig überzeugende Beweise ihrer Vertrauenswürdigkeit abverlangen, aber keinen der Beweise akzeptieren: Je überzeugender sie für Dritte sind, als desto raffiniertere Täuschungen werden sie von ihnen zurückgewiesen. Damit haben Menschen, denen als Hassobjekte paranoid misstraut wird, kaum Chancen, sich als harmlos zu erweisen. Denn letztlich akzeptieren Menschen mit paranoidem Misstrauen nur einen einzigen Beweis: die Unterwerfung unter ihren Willen. Genau das müssen ihnen ihre Hassobjekte aber um ihrer selbst willen verweigern.

Bei milder bis mittlerer Ausprägung bleiben paranoid misstrauische Menschen kritik- und korrekturfähig. Bei extremer Ausprägung sind sie es nicht mehr: Die Paranoia, die primär eine anthropologische Disposition der Erfahrungsverarbeitung und keine Krankheit des Geistes ist, wird zum Wahn. Mit ihrem paranoiden Misstrauen suchen sich Menschen, die hassen, vor einem totalen Kontrollverlust zu schützen, wobei bereits die kleinste Eigensinnigkeit eines Hassobjekts bei ihnen Panik auslösen kann. Ist Vertrauen eine riskante Vorleistung (Luhmann 1969; Yamagishi 2001), so schrecken sie vor dem Risiko zurück, enttäuscht zu werden. Verzweifelt ringen sie um ein Gefühl der Sicherheit, das sie verstandesmäßig erzeugen wollen. Aber vergebens. Denn ihr Verstand ist bereits durch ihr paranoides Misstrauen kontaminiert, weshalb sie jederzeit gute Gründe finden, die ihr Vertrauen in Misstrauen rechtfertigen.

Mit ihrem Hass versuchen Menschen mit paranoidem Misstrauen, ihrem zirkulären Denken zu entkommen und Eindeutigkeit herzustellen. Die mörderische Ultima Ratio dieser Eindeutigkeit aber ist die Vernichtung ihrer Hassobjekte, durch deren Existenz sie sich zu dauernder Wachsamkeit gezwungen fühlen. Die Ressourcen, die sie dabei in ihrer inneren und äußeren Auseinandersetzung mit den Hassobjekten verausgaben, fehlen ihnen, um ihr Leben produktiv zu gestalten. Zur eigenen psychischen Entlastung beschuldigen sie deshalb ihre Hassobjekte, sie daran zu hindern, Erfolg zu haben, wodurch sie sich nur weiter mit ihnen verstricken.

Bestimmungsmerkmal: Heimliche Faszination

Der notorische Antisemit A. S. Shmakov, Abgeordneter der Moskauer Stadtduma in den 1910er Jahren, fühlte sich sein ganzes Leben lang davon getrieben, Juden zu identifizieren und zu eliminieren (Rogger 1966). Immer wieder trat er auf öffentlichen Veranstaltungen als Talmud-»Experte« auf, war Autor zahlreicher Bücher über die »jüdische Verschwörung« und verteidigte als freiwilliger Rechtsbeistand Teilnehmer an Pogromen. Gleichzeitig waren die Wände seines Arbeitszimmers mit Bildern von »jüdischen Nasen« tapeziert.

Menschen, die hassen, suchen die Nähe ihres Hassobjekts, weil sie, wenn auch uneingestanden, von ihm fasziniert sind – sogar dann, wenn sie es vernichten wollen. Diese Faszination (Bernfeld 1928/1968) schafft eine Bindung, die dauerhafter als eine Liebesbeziehung sein kann. Deshalb nützt es einem Hassobjekt auch nichts, wenn es sich bemüht, Menschen, die es hassen, aus dem Weg zu gehen. Solche Menschen setzen ihm nach, akzeptieren nicht, dass es sich entfernt. Dabei kann der Hass obsessive Züge annehmen, durch die Menschen im Lichte ihrer Selbstwahrnehmung, dass ihr Hassobjekt sie verfolgt, selbst zu leidenschaftlichen Verfolgern werden.

Bestimmungsmerkmal: Empathieverweigerung

Menschen, die hassen, verweigern es, sich in ihr Hassobjekt einzufühlen (Moses 1985). Als Verweigerung erleben sie dies aber nicht. Stattdessen nehmen sie ihr Hassobjekt im Vergleich mit sich selbst als so andersartig wahr, dass sie keinen empathischen Zugang zu ihm finden. Mithin erleben sie ihre eigene Verweigerung als deren Andersartigkeit, durch die diese sich – absichtlich – unzugänglich machen. Gehören Einfühlung und Mitgefühl zu den Faktoren, die geeignet sind, Gewaltbereitschaft zu hemmen, so führt deren Blockierung zu einer Gefühllosigkeit, die dazu beiträgt, die Hemmschwelle für Gewaltanwendung zu senken.

Gefühllosigkeit macht aber nicht nur gewaltbereit, sondern letztlich auch kontraphobisch. Menschen, die hassen, werden unvorsichtig (Leith u. Baumeister 1996). So zeigt sich, dass viele Hassverbrecher ohne Rücksicht auf die eigene Person handeln. Zum Teil riskieren sie eine schnelle Strafverfolgung, weil sie wähnen, der Gesellschaft einen Dienst zu erweisen und deshalb straffrei davon zu kommen, oder weil sie geradezu eine Strafverfolgung suchen, um als Märtyrer für die »gerechte Sache« in die Geschichte einzugehen. Zum Teil wird ihr Hass aber zu einem monomanen Lebensthema, das alle rationalen Erwägungen außer Kraft setzt.

Generell gilt, dass Menschen, die hassen, von ihrem eigenen Hass in Mitleidenschaft gezogen werden. Indem sie ihrem Hassobjekt die Empathie verweigern, verändern sie sich – anfangs unmerklich – selbst. Zwar mag es sein, dass sie sich in leidenschaftlichem Hass lebendig fühlen. Es ist aber eine Lebendigkeit, die dem Aufflackern einer niedergebrannten Kerze kurz vor dem Verlöschen gleicht. Insofern stellt die Bewältigung ihres Hasses auch für sie selbst ein psychosoziales Problem dar, sogar dann, wenn er einer gerechten Empörung entspringt. Das meint Bert Brecht (1933–1938/1976, S. 725), wenn er in seinem Gedicht »An die Nachgeborenen« schreibt: »Auch der Hass gegen die Niedrigkeit verzerrt die Züge.«

Die Verweigerung von Empathie ist eine Strategie, die vermutlich eher Männer anwenden. Denn Männer, zumindest solche mit einer ausgeprägten Männlichkeitsideologie, haben einen alexithymen Habitus (Levant 1996, 1998; Levant et al. 2003); sie sind insgesamt vergleichsweise gefühlloser als Frauen. Das macht es ihnen leichter, sich selbst und ihre Mitmenschen zu instrumentalisieren: als Mittel für jeden Zweck und damit auch für inhumane Zwecke zu gebrauchen. Gewalttaten degenerieren unter diesen Bedingungen zu rein technischen Handlungen, die sich jeder moralischen Beurteilung entziehen.

Albert Camus hat in seiner Erzählung »Der Fremde« einen solchen Mann beschrieben: Meursault, die Hauptfigur der Erzählung, tötet einen Araber und wird für diese Tat vor Gericht gestellt. Der Versuch, die Tat als Äußerung von Fremdenhass zu verstehen, schlägt fehl. Meursault spürt keinen Hass noch sonst etwas. Der gesamte Tatverlauf geht wie eine unkontrollierbare naturgesetzliche Kettenreaktion über ihn hinweg, die ihn unbeeindruckt lässt. Deshalb weiß er auch nichts Rechtes mit der Frage des Richters anzufangen, ob er seine Tat bereue: »Ich überlegte und sagte, dass ich eher als echte Reue eine gewisse Langeweile empfände« (Camus 1942/1961, S. 72). Solche Antworten bringen den Richter an den Rand der Verzweiflung. Denn es gehört zu den Aufgaben eines Gerichtshofs, nachvollziehbare Handlungsmotive zu finden, um dadurch den Schrecken einer allwaltenden Sinnlosigkeit abzuwehren (Haas 2002).

Auch wenn sich Männer und Frauen tatsächlich hinsichtlich ihrer Empathiefähigkeit unterscheiden, wäre es freilich ein nicht gerechtfertigter Kurzschluss, daraus zu folgern, Frauen seien deshalb zwangsläufig vorurteilsfreier und friedfertiger (Blee 2002).

Wer einem Hassobjekt die Empathie verweigert, erspart sich Schuldgefühle. Obgleich Schuldgefühle oft als negative Emotionen angesehen werden, von denen Menschen gerne frei wären, gehören sie doch zu den wichtigsten Faktoren, die hasserfüllte Gewaltbereitschaft hemmen können. Denn Menschen, die sich schuldig fühlen, wenn sie Mitmenschen schädigen, sind darauf bedacht, zwischenmenschliche Beziehungen zu erhalten. Indem Schuldgefühle auf Wiedergutmachung (Plenker 2002) drängen, stehen sie für die Fortsetzung einer bestehenden Beziehung oder die Aufnahme einer neuen Beziehung ein. Dabei sind Empathie und Schuldgefühle in einem Wirkungskreislauf miteinander verbunden (Hoffman 1982): Wer sich in ein Opfer seines eigenen schädigenden Handelns einfühlt, reagiert auf die physischen und psychischen Schmerzen, die er ihm bereitet, mit Schuldgefühlen, die weitere Schädigungen hemmen. Antizipiert er diese Schmerzen, kommt es erst gar nicht zu schädigendem Handeln. Zumindest wird dessen Intensität verringert. Gegenläufig dazu erhöht Schuldfähigkeit als die Fähigkeit, das eigene schädigende Handeln nicht nur als Ursache, sondern auch als Grund der physischen und psychischen Schmerzen eines anderen Menschen zu erkennen und anzuerkennen, die Empathie. Sich in einen anderen Menschen einzufühlen, dient nämlich generell als Regulativ, um die Wirkung des eigenen Handelns zu optimieren, indem es dessen beabsichtigte Wirkung, was immer die sein mag, fortlaufend mit der erreichten Wirkung vergleicht. Schuldgefühle können aber auch gegenteilige Effekte haben. Dann hemmen sie nicht länger hasserfüllte Gewaltbereitschaft, sondern fördern sie. Wenn Menschen sich rigoros verbieten, aggressiv zu handeln – wenn sie bereits auf minimale Anzeichen eigener Aggressionen mit Schuldgefühlen reagieren, weil sie Aggressionen grundsätzlich als destruktiv erleben – dann kann es sein, dass sie friedfertiger zu sein versuchen, als es ihnen gut tut. Denn Schuldgefühle sind quälende Gefühle, die auf Besänftigung aus sind. Wiedergutmachung ist die prosoziale Form einer solchen Besänftigung. Unerträgliche Schuldgefühle lassen sich aber auch dadurch besänftigen, dass das Verbotene zumindest gelegentlich getan wird. So gesehen, ist damit zu rechnen, dass stark aggressionsgehemmte Menschen nach sozial legitimierten Möglichkeiten suchen, gewalttätig sein zu dürfen. Das schließt jene Wiedergutmachungen ein, die Reaktionsbildungen sind: die dem Zwang entspringen, unbedingt gut und hilfreich zu sein, um nicht böse und schädigend sein zu müssen.

Bestimmungsmerkmal: Unterwerfung des Hassobjekts

Menschen, die hassen, streben danach, ihr Hassobjekt zu unterwerfen. Dies kann auf verschiedene Weise geschehen, je nach Grad des Hasses und der faktischen Macht, über die sie verfügen. Bei mildem Hass und ausreichender Macht reicht es ihnen, ihrem Hassobjekt ihre Überlegenheit zu demonstrieren. Wenn es sich ihrem Herrschaftsanspruch unterwirft und sich kontrollieren lässt, begrenzen sie ihre Angriffe (*Herr und Knecht*). Bei mittelschwerem Hass und ausreichender Macht nimmt Hass die Form der Peinigung an. Dann begnügen sich Menschen, die hassen, nicht länger damit, ihr Hassobjekt zu beherrschen, sie lassen es zudem leiden, wobei sie dieses Leiden sogar (sadistisch) genießen können (Kernberg 1990). Allerdings begrenzen sie das Leid, das sie ihm zufügen, um es vor Vernichtung zu schützen (*Peiniger und Gepeinigter*). Bei extremem Hass und ausreichender Macht betreiben sie die Vernichtung ihres Hassobjekts. Diese Vernichtung kann in einer radikalen Entwertung bestehen, die es zwar physisch am Leben lässt, ihm aber den »sozialen Tod« zufügt oder »Seelenmord« an ihm begeht. In letzter Konsequenz geben Menschen, die hassen, aber erst Ruhe, wenn sie ihr Hassobjekt auch physisch vernichtet haben und darin die Bestätigung finden, über Leben und Tod entscheiden zu können (*Schöpfer und Geschöpf*).

In Fällen, in denen keine ausreichende Macht zu Verfügung steht, das Hassobjekt zu kontrollieren oder leiden zu lassen oder zu vernichten, bleibt es bei entsprechenden Wünschen, die sich Menschen, die hassen, in der Phantasie erfüllen.

Extremer Hass ist eine extreme Form der Selbstbehauptung. Die bekannte cartesianische Cogito-Formel, nach der sich das Subjekt seiner selbst vergewissert, indem es sich als ein Selbst denkt, wird zu einem »Ich hasse, also bin ich«. Zielt der Hass auf die phantasierte oder verwirklichte Vernichtung eines anderen, so konstituiert das Subjekt sein Selbst im extremen Hass dadurch, dass es sich seiner Fähigkeit vergewissert, dem Anderen das Leben zu nehmen: »Er ist nicht (mehr), also bin ich (übrig)«. Diese Vergewisserung wird als Triumph genossen, den ein Gefühl der Erhabenheit (Haubl 1993, S. 27 ff.) bekleidet.

Wenn Menschen, die hassen, sich durch die Vernichtung ihres Hassobjekts ihrer selbst vergewissern, dann spricht das für einen Kampf auf Leben und Tod: »Solange er (noch) ist, bin ich nicht!«. Insofern fühlen sich solche Menschen nicht als ein sicher abgegrenztes Selbst, sondern als ein Nichts. Erst ihr Hass grenzt sie ab und individuiert sie. Dass diese Abgrenzung im Extremfall nur gelingt, wenn sie ihr Hassobjekt vernichten, lässt erkennen, wie groß ihre Angst davor ist, selbst vernichtet zu werden: »Man will nicht nur immer da sein«, schreibt Elias Canetti (1960/1980, S. 249), »man will da sein, wenn andere nicht mehr da sind.«

Bestimmungsmerkmal: Grausamkeit

Menschen, die hassen, vor allem leidenschaftlich hassen, neigen zu einer exzessiven Gewalttätigkeit, die sich nicht damit begnügt, ihr Hassobjekt zu verletzen oder zu töten. Die Verletzung oder Tötung geht meist mit einer Demütigung einher.

So steckten zwei italienische Arbeiter einem marokkanischen Arbeitskollegen einen Hochdruck-Kompressionsschlauch in den Anus und brachten dadurch seine Eingeweide zum Platzen! Als Motiv gaben sie an, sich gegen Einwanderer wehren zu wollen, die ihnen die Arbeitsplätze wegnähmen (zit. n. McDevitt u. Williamson 2002, S. 1008). Die Wahl der Mittel ist durch dieses Ziel freilich nicht gedeckt, was Hass als Motiv der Gewalttat wahrscheinlich macht. Vergleichbares gilt für die Todesschwadrone, die in Südamerika jährlich Tausende von Straßenkindern ermorden. Viele der Kinder werden mit ausgestochenen Augen gefunden, manche mit einer Kettensäge enthauptet (zit. n. Fattah 2002, S. 966).

Eine solche Grausamkeit geht über eine bloße Triebabfuhr hinaus. Auch wenn sie keine »Grausamkeitsarbeit« ist, die mit rationalem Kalkül erfolgt (Mitscherlich 1976/1983b, S. 337 ff.), so tritt die »Grausamkeitslust« doch hinter einer demonstrativen Absicht zurück: Menschen, die hassen, demonstrieren mit ihrer Grausamkeit totale Hemmungslosigkeit. Diese Demonstration soll nach zwei Seiten wirken: Auf der einen Seite zielen sie darauf ab, Angst und Schrecken in der sozialen Gruppe zu verbreiten, zu der das Hassobjekt gehört. Auf der anderen Seite appellieren Menschen, die hassen, mit ihren Gewalttaten an potentiell Gleichgesinnte, ebenfalls alle Hemmungen fallen zu lassen, wobei sie Grausamkeit gerne als Triumph über die eigene »Schwäche« darstellen, der um so größer ausfällt, je radikaler der Bruch mit den Zivilisationsstandards erfolgt.

Hass und Liebe

Hass wird oft in einem Atemzug mit Liebe genannt. Beide Modi emotionalen Erlebens und Handelns gelten vielen Menschen – Laien wie Experten – als dialektisch verbunden (Rempel u. Burris 2005). Geht man von einer Dialektik aus, so besteht Gleichursprünglichkeit. Dagegen gibt es immer wieder Versuche, den einen der beiden Modi emotionalen Erlebens und Handelns aus dem anderen abzuleiten. Dann ist aller Hass enttäuschte Liebe und alle Liebe überwundener Hass. Empirisch greifen beide Prozesse in unterschiedlichen Ausprägungen ineinander. Gelegentlich sind sie sogar, wie in der Form des »liebenden Hasses« (Bollas 1997, S. 129 ff.), unauflösbar vermischt.

Während Menschen, die hassen, dies in der Regel mit der Intention tun, sich das Hassobjekt vom Leibe zu halten und mehr noch: ihm zu schaden oder es sogar zu zerstören, beruht diese Form des Hasses auf gegenteiligen Intentionen, auch wenn sie als solche nicht zu Bewusstsein kommen. Liebend hassende Menschen gebrauchen ihren Hass, um Nähe zu dem Hassobjekt herzustellen – entweder aktiv, indem sie es mit ihrem Hass verfolgen, oder passiv, indem sie sich hassenswert geben, also selbst als Hassobjekt anbieten. Wo andere Menschen etwa darum bemüht sind, sich vor dem Hass ihrer Mitmenschen zu schützen, provozieren sie diesen Hass und setzen alles daran, ihn aufrechtzuerhalten. Denn Hass garantiert ihnen nicht nur Aufmerksamkeit, sondern eine leidenschaftliche Beziehung, von der sie glauben, dass sie ihnen auf andere Weise verwehrt bleibt. Eine solche Beziehung sorgt für eine Erregung, die sie als Lebendigkeit erleben und ihre Angst besänftigt, überhaupt keine soziale Resonanz zu finden. Indifferenz bedeutet Tod, Hass weist einen Weg ins Leben. Viele Menschen, die liebend hassen, haben in ihrem Leben von früh an unter einer hassenden Liebe gelitten. Sie sind in Elternhäusern aufgewachsen, in denen die elterliche Liebe an rigorose Anerkennungsbedingungen gebunden war. Dem Kind wurde nur dann Liebe zuteil, wenn es sich unter Verleugnung seiner eigenen Bedürfnisse genau so verhielt, wie es von ihm erwartet wurde. Dadurch lernte es, Liebe mit erzwungener Fremdbestimmung gleichzusetzen. Menschen, die liebend hassen, wehren sich gegen diese Fremdbestimmung, indem sie ihre Mitmenschen dazu zu zwingen suchen, ein hassenswertes Selbst zu tolerieren. Dabei sind sie unfähig, ohne Hass zu leben. Denn sie vermögen nur Liebesäußerungen von Mitmenschen zu glauben, die zu Äußerungen des Hasses entstellt sind, so wie sie auch ihre eigene Liebe nur auf diese Weise äußern können.

Dass Liebe, zumindest »wahre« Liebe, ohne jeden Hass sei, gehört zu den Vorstellungen, aus denen das Beziehungsideal der romantischen Liebe besteht, ist aber nur die halbe Wahrheit. Deshalb schreibt Alexander Kluge in seinem Buch »Die Macht der Gefühle« (1984, S. 396) zu Recht: »Ohne die Fähigkeit zum Hassen auch keine zum Lieben – Hass ist gebündelte Liebe, sagte mir neulich jemand: Hass ist die auf Zerstörung gerichtete Überhöhung von Wut. Ist dann Liebe eine Überhöhung von Sympathie, auf die Verherrlichung einer Person gerichtet, also ihre Zerstörung?« In der Tat negiert gerade die romantische Liebe, indem sie die Einzigartigkeit der Liebenden betont, gleichzeitig aber deren symbiotische Verschmelzung als Fest der Liebe feiert, den Anspruch auf Individualität (Haubl 2005a). Dadurch belastet sie Liebesbeziehungen mit einer Angst vor Eigensinn, der in dem dauernden Verdacht steht, Trennung heraufzubeschwören. Sich unter solchen Bedingungen der Liebe würdig zu erweisen, verlangt einen hohen Preis: den Verzicht auf Selbstbestimmung. Verklärt wird dieser Verzicht durch die dabei immer schon unterstellte Freiwilligkeit, die das Opfer in ein Geschenk verwandelt. Nun weiß aber jeder Paartherapeut von Fällen zu berichten, in denen der Verzicht keineswegs ein Geschenk, sondern Resultat von mehr oder weniger subtilem Zwang ist. Damit verschwimmt die Grenze zwischen Liebe und Hass und offenbart eine Ambivalenz, die als Erlebniskorrelat der Dialektik beider Modi emotionalen Erlebens und Handelns begriffen werden kann.

Wie schwer es Menschen gelegentlich fällt, für sich selbst genau zwischen Liebe und Hass zu unterscheiden, belegen etwa Misshandlungen in Altenheimen (Decalmer u. Glendenning 1997) oder gar Patiententötungen in Pflegeheimen (Maisch 1997). Da gibt es die Pflegekraft, die einen Patienten tötet, weil sie ihn von unerträglichem Leiden erlösen zu müssen glaubt – und ihre Tat wahrhaftig als Menschenliebe erlebt, es gleichzeitig aber hasst, durch das Leiden des Patienten mit den Grenzen ihrer eigenen Belastbarkeit schmerzlich konfrontiert zu werden. Zwar ist es ein rationalistisches Vorurteil, dass Vorstellungen immer klarer und distinkter seien als Gefühle, dennoch lassen sich Gefühle nicht immer sofort angemessen identifizieren. Denn es gibt nicht nur verdrängte Vorstellungen, sondern auch maskierte Gefühle, wobei sich die Maskerade nach den soziokulturell herrschenden Emotionsnormen richtet: Und da Liebe im christlichen Abendland das »höchste der Gefühle« ist, eignet sie sich bestens als »Deckgefühl« für Aggressionen.

Im Vergleich mit der Liebe hat der Hass eine schlechte Presse und wird gerne in die Nähe eines psychopathologischen Phänomens gerückt. Allerdings gibt es auch Ausnahmen. 1841 schreibt der deutsche Dichter Georg Herwegh, Freund von Heinrich Heine und Karl Marx, »Das Lied vom Hasse«. Dessen vier Strophen enden alle mit dem Refrain: »Wir haben lang genug geliebt / Und wollen endlich hassen.« Geschrieben aus Empörung gegen die Tyrannei der fürstlichen Despoten, ruft es am Vorabend der bürgerlichen Revolution 1848 zum Sturz der feudalen und kirchlichen Mächte auf. Liebe erscheint dabei als ein Modus emotionalen Erlebens und Handelns, der dazu verleitet, das irdische Leben als Schicksal hinzunehmen, so wie Pfarrer Liebe predigen, aber unterwürfigen Gehorsam meinen. Um Herrschaft abzuschütteln, bedarf es eines anderen Modus: eben eines Hasses, der Gerechtigkeit herstellt, weshalb Herwegh ihn in der zweiten Strophe als »jüngstes Gericht« bezeichnet – eines, das auf Erden abgehalten und nicht auf den Himmel vertagt wird: »Die Liebe kann uns helfen nicht, / Die Liebe nicht erretten; / Halt du, o Hass, dein jüngst Gericht, / Brich du, o Hass, die Ketten! / Und wo es noch Tyrannen gibt, / Die laßt uns keck erfassen; / Wir haben lang genug geliebt / Und wollen endlich hassen!« (Herwegh 1980, S. 42 f.)

Das Lied verteidigt den Hass als einen emanzipatorischen Modus emotionalen Erlebens und Handelns. Angesichts von Tyrannei wird Hass zu moralischen Pflicht. So jedenfalls will Günther Anders (1985, S. 11) verstanden werden: »Denn wer das Infame nicht hasst, der beweist damit nicht nur Feigheit, der bringt sich auch in den Verdacht, mit dem Infamen unter einer Decke zu stecken. Und der stellt eines Morgens ungläubig fest, dass er mit dem Infamen tatsächlich unter einer Decke steckt, als dessen Freund gilt und nicht mehr zurück kann; und der macht sich selbst verhasst und wird dann sogar mit Recht gehasst. Nämlich von denjenigen, auf die es ankommt: die, obwohl sie es hassen, zu hassen, *doch* hassen.« Schlimmer als zu hassen, ist nämlich die Indifferenz, die sich als Toleranz ausgibt und derart verkleidet auch den Hass auf Gutes gutheißt.

In der Dialektik von Liebe und Hass gibt es kein einfaches Schema, demzufolge die Liebe eindeutig das »Gute« und der Hass eindeutig das »Böse« wäre. Beiden sind progressive und regressive Tendenzen eigen: Liebe wirkt progressiv, wenn sie Menschen individuierte mitmenschliche Bindungen anstreben lässt, und regressiv, wenn sie deren Individuierung durch symbiotische Verschmelzungen hintertreibt. Dagegen wirkt Hass regressiv, wenn er überhaupt Bindungen verhindert, aber progressiv, wenn er aus Bindungen, die zu »Ketten« geworden sind, befreit.

Hass als Verteidigung gruppenzentrierter personaler Identitäten

Menschen, wenn nicht alle, so doch moderne Menschen, haben eine personale Identität, wenn es ihnen gelingt, ihre Repräsentanzen von sich und ihrer Mit- und Umwelt psychisch so zu integrieren, dass sie sich als »Einheit« erleben. Genauer: dass sie sich der Kontinuität, Kohärenz und Konsistenz ihrer Selbstempfindungen, -vorstellungen und -beschreibungen hinreichend sicher sind. Dadurch vermögen sie sich trotz ihrer Veränderungen in der Zeit (Kontinuität), Veränderungen in ihren soziokulturellen Beziehungen (Kohärenz) und Veränderungen in ihren innerweltlichen Zuständen (Konsistenz) dauerhaft zu orientieren (Haubl 1982).

Oft wird der personalen Identität die soziale Identität zur Seite gestellt. Als soziale Identität gelten dabei die Gruppenzugehörigkeiten von Menschen. Die Unterscheidung ist nicht unproblematisch, vor allem in den Fällen, in denen sich Menschen mit einer Gruppe identifizieren. Denn dann gehört diese Identifikation zu ihrer personalen Identität. Abgekürzt kann man von ihrer Gruppenidentität sprechen und damit den Gruppenaspekt ihrer personalen Identität bezeichnen.

Menschen können sich mehreren Gruppen zurechnen. Einen Beitrag für ihre personale Identität gewinnen sie aber nur aus den Gruppen, mit denen sie sich identifizieren: deren Zugehörigkeit sie als ein zentrales Merkmal ihrer Selbstrepräsentanzen internalisiert haben. Eine solche Gruppe wird zu einer Identität stiftenden Bezugsgruppe. Bezugsgruppen bieten Menschen Orientierungssicherheit, da sie deren individuelle Existenz transzendieren, indem sie diese Menschen in eine Tradition einbinden, die ihnen ein Weltbild verschafft und es bestätigt. In diesem Rahmen einer gruppenzentrierten personalen Identität wird Individualisierung als Identitätsbedrohung erlebt – weshalb sie dann auch theoretisch als vormoderne Identitätsform gilt (was freilich überhaupt nichts über ihre Verbreitung aussagt).

Gruppenzugehörigkeit ist eine soziale Kategorisierung, die über Differenzbildung bewusst wird (Tajfel et al. 1971). Menschen gehören einer bestimmten Gruppe dadurch an, dass sie alternativen

Gruppen nicht angehören. Und sie sind sich ihrer Zugehörigkeit um so sicherer, je deutlicher sich die Gruppen unterscheiden und sie eindeutig so fühlen, denken und handeln, wie es in ihrer Gruppe (nicht aber in den alternativen Gruppen) erwartet wird. Schwinden die Unterschiede zwischen den Gruppen oder fühlen, denken und handeln sie nicht eindeutig so, wie es von ihnen erwartet wird, dann sind sie in ihrer Gruppenzugehörigkeit verunsichert.

Um diese Verunsicherung zu vermeiden, haben Menschen das Bedürfnis, dass sich ihre eigene Gruppe zweifelsfrei von Fremdgruppen unterscheidet. Jenseits der realen Unterschiede führt dies zu spezifischen Stereotypisierungen: So wird unterstellt, dass sich die Angehörigen der eigenen Gruppe ähnlich sind – und dies nicht nur hinsichtlich derjenigen Merkmale, welche die Gruppe definieren, sondern generell. Diese Homogenitätsunterstellung verschafft Sicherheit. Dagegen verunsichert die Annahme, dass die Variation der Angehörigen in den Gruppen größer sein könnte als die Variation zwischen den Gruppen, weil dadurch nicht sicher ist, wer zu welcher Gruppe gehört.

Freilich geht es nicht nur um eine deskriptive Unterscheidung, sondern immer auch um selbstwertrelevante Bewertungen. Und deshalb haben Menschen das Bedürfnis, die eigene Gruppe nicht nur eindeutig als anders, sondern auch eindeutig als »besser« zu erleben. Sollte das zu einem bestimmten Zeitpunkt nicht der Fall sein, stehen ihnen verschiedene Möglichkeiten offen (Tajfel u. Turner 1979; Tajfel 1982):

- vorausgesetzt, ein Wechsel ist möglich, können Menschen einer Fremdgruppe beitreten, von denen sie sich mehr versprechen;
- wechseln sie – aus welchen Gründen auch immer – nicht, können sie sich dafür engagieren, die eigene Gruppe zu »verbessern«, mithin die Fremdgruppe (pars pro toto einen ihrer Angehörigen) zu übertrumpfen;
- oder sie können einem solchen sozialen Wettbewerb ausweichen und die Fremdgruppe wechseln, mit der sie die eigene Gruppe vergleichen;
- schließlich können Menschen die Fremdgruppe entwerten und die eigene Gruppe – zum Beispiel durch einen Wechsel der Vergleichsdimension – kompensatorisch aufwerten;

– oder sie können – als letztes Mittel – die Fremdgruppe gewalttätig bekämpfen, um ihre gruppenzentrierte personale Identität zu verteidigen.

Dabei wird die eigene Gruppe nicht mit jeder beliebigen Fremdgruppe verglichen, sondern bevorzugt mit einer, die als ähnlich wahrgenommen wird, weil von einer solchen auch die stärkste Identitätsbedrohung ausgeht.

Je mehr sich Menschen mit einer bestimmten Gruppe identifizieren und je größer der Beitrag dieser gruppenzentrierten personalen Identität zu ihrer psychischen Stabilisierung ist, desto mehr werden sie versuchen, so zu fühlen, zu denken und zu handeln, wie es von Angehörigen der Gruppe erwartet wird, die eindeutig zu dieser Gruppe gehören. Eindeutigkeit aber besteht dann, wenn sie dem Idealtypus entsprechen, der vor allem aus Selbstidealisierungen der Gruppenangehörigen besteht. Und so werden Menschen, deren personale Identität weitgehend mit einer Gruppenidentität zusammenfällt, sich vor allem dann stereotyp verhalten, wenn sie ihre Gruppe und infolgedessen ihre psychische Stabilität als bedroht erleben. Dann verleugnen sie alle ihre individuellen Merkmale, da diese sie in Gefahr bringen, der Illoyalität bezichtigt zu werden. Desgleichen behandeln sie dann auch die Angehörigen der Fremdgruppe nicht als Individuen, sondern nur als deren idealtypische Repräsentanten, wobei in Fällen kollektiver Gewalttätigkeiten in der Regel auf Feindbilder zurückgegriffen wird, deren Funktion es ist, eine unüberwindbare Differenz zwischen der eigenen Gruppe und der Fremdgruppe zu behaupten: sie herzustellen, indem sie dargestellt wird. Der Modus emotionalen Erlebens und Handelns, der dem entspricht, ist Hass.

Freilich tritt das Phänomen einer Favorisierung der eigenen Gruppe durch Abwertung oder gar hasserfüllte Bekämpfung einer Fremdgruppe nicht zwangsläufig auf (Bettencourt et al. 2001). Die Wahrscheinlichkeit feindseliger Konflikte zwischen Gruppen steigt, wenn es eine als irreversibel wahrgenommene Statusdifferenz zu Ungunsten der eigenen Gruppe gibt, die zudem als ungerecht erscheint. Denn dann fehlt der Statusdifferenz die Legitimation, derer es bedarf, damit die Benachteiligten ihre Kräfte in Aufwärtsmobilität investieren und nicht in Destruktivität (Jost u. Major 2001).

Feindbilder

Menschen, die auf dem Hintergrund ihrer eigenen Zugehörigkeit zu einer sozialen Gruppe andere Menschen hassen, die zu anderen sozialen Gruppen gehören, richten mit Hilfe von Feindbildern ihre Aggressionen aus und stellen sie auf Dauer (Bergold 2005, Kap. 3; Wagner 1999; Benz 1996). Feindbilder sind nicht einfach Abbilder eines Feindes. Wären es bloße Abbilder, gäbe es den Feind, bevor es ein Bild von ihm gibt. Das ist aber nur bedingt der Fall. Denn Bilder tragen maßgeblich dazu bei, dass die Angehörigen von Fremdgruppen als Feinde erscheinen (Münkler 1994).

Zwar beruht jede Begegnung von Menschen aus verschiedenen sozialen Gruppen auf den Bildern, die sie sich voneinander machen. Aber nicht jedes dieser Bilder ist ein Feindbild. Es gibt Bilder, die stellen Menschen aus Fremdgruppen als Kooperationspartner vor oder als Gegner in einem Wettbewerb. Aber eben auch Bilder, die sie als verhassten Feind vorstellen, den es zu bekämpfen gilt. Wie Angehörige aus verschiedenen sozialen Gruppen einander ins Bild setzen, hängt von den Erfahrungen ab, die sie in der Vergangenheit miteinander gemacht haben. Solche Bilder lösen sich aber auch von den konkreten Erfahrungen. Dann sind es Bilder, wie die Angehörigen der verschiedenen sozialen Gruppen einander sehen wollen. Bilder strukturieren Erfahrungen vor, was soweit gehen kann, dass sie Menschen daran hindern, einander anders wahrzunehmen als das Bild, das sie von der sozialen Gruppe haben, zu der sie gehören. Diese Tendenz greift vor allem, wenn das Bild als »wahres« Abbild gilt, mithin ignoriert wird, dass es sich um wechselseitige soziale Konstruktionen handelt.

Tatsächlich verweist jedes Fremdbild auf ein Selbstbild, das mit Hilfe des Fremdbildes aufrechterhalten wird. So sagt das Bild, das die Angehörigen einer sozialen Gruppe von den Angehörigen einer anderen sozialen Gruppe haben, oft mehr über ihre eigene Gruppe als über deren Gruppe aus. Gerade Feindbilder sind Bilder, die Projektionen enthalten. Feinden werden diejenigen negativen Merkmale als Wesensmerkmale zugeschrieben, die das eigene Selbstbild belasten. Das können Merkmale sein, die Angehörigen einer sozialen Gruppe tatsächlich besitzen und für die sie sich schämen, aber auch Merkmale, die sie nicht besitzen, vor deren

Besitz sie sich aber fürchten, und sogar Merkmale, die sie sich wünschen, aber anzueignen verbieten, weil sie ihren Moralvorstellungen widersprechen. Schreiben sie alle diese Merkmale den Angehörigen einer anderen sozialen Gruppe zu, ersparen sie sich die fällige Auseinandersetzung mit ihrem Selbstbild und damit die Konflikte, die solche Auseinandersetzungen hervorrufen. Deshalb sind Feindbilder auch umso wahrscheinlicher, je geringer die Konfliktfähigkeit in einer sozialen Gruppe ist.

Es lässt sich zwischen einem latenten und einem manifesten Feindbild unterscheiden. Das latente Feindbild ergibt sich aus dem Profil der negativen Merkmale der eigenen Gruppenidentität. Es liegt bereit, um sich unter bestimmten Bedingungen zu manifestieren. Diese Bedingungen sind auf der einen Seite zum Beispiel unerträglich werdende Scham oder Schamangst, auf der anderen Seite die Existenz und mehr noch: die Präsenz konkreter Mitmenschen, die sich eignen, dem Bild zu entsprechen – die sich als Feind »anbieten«. Feindschaft ist eine Beziehungsform. Es kann die einzige Form sein, in der Menschen in Beziehung kommen.

Unterscheidet man zwischen Partner, Gegner und Feind, dann gibt es asymmetrische und symmetrische Beziehungen: So kann eine Gruppe eine andere als Gegner wahrnehmen, während diese sie als Feind wahrnimmt. Solche asymmetrischen Beziehungen sind eher instabil und drängen zu einem Ausgleich. Ein solcher ist in wechselseitiger Feindschaft gegeben. Sie kommt zustande, wenn der Makel im jeweiligen Selbstbild auf das jeweilige Fremdbild projiziert werden kann. Wechselseitige Feindschaften sind besonders stabil und in der Beobachterperspektive hat man den Eindruck, dass beide Gruppen einander in der Rolle des Feindes »brauchen« (Boyer 1986) – vielleicht deshalb, weil sie zu einer ständigen Wachsamkeit führt, die dazu veranlasst, den beschämenden eigenen Makel als verhassten Makel der Anderen im Auge zu behalten und mehr oder weniger gewalttätig zu bekämpfen.

Die Unterscheidung zwischen der eigenen – idealisierten – Gruppe und einer – entwerteten – Fremdgruppe kann Züge eines manichäisch gespaltenen Weltbildes annehmen, in dem sich das »Gute« gegen das »Böse« verteidigt oder es prophylaktisch niederzuringen sucht. Und das seit Ewigkeiten. Manichäische Deutungen von Intergruppenkonflikten nehmen diese Konflikte aus der historischen Zeit heraus. Jedes Gruppenmitglied weiß sich in eine Tradition der »Erbfeindschaft« eingerückt, deren Ursprung sich in Vorzeiten verliert und über die eigene Lebensspanne hinaus andauern wird.

So heißt es in der kleinen Schrift »Über den Volkshass«, die Ernst Moritz Arndt 1813 als Kampfschrift gegen Napoleon und damit auch als Aufruf zu nationaler Erhebung der »Teutschen« geschrieben hat: »Ich will den Hass gegen die Franzosen, nicht bloß für diesen Krieg, ich will ihn für lange Zeit, ich will ihn für immer« (Arndt 1993, S. 330). Dabei entstellt der Hass die historische Wahrheit. Sie geht in einer Erinnerungspolitik unter, deren Ziel es ist, jede neue Generation in die »vaterländische« Pflicht zu nehmen, auch weiterhin zu hassen, was schon immer gehasst worden ist.

So gesehen wurzeln die mächtigsten Feindbilder in der kindlichen Sozialisation, in der jedes Kind von früh indoktriniert wird. Je früher dies geschieht, desto körperlicher werden die Angehörigen der Fremdgruppe als Feinde erlebt. Die Angst der Kinder, die Liebe ihrer Eltern zu verlieren, zwingt sie, deren Feinde zu den ihren zu machen. Spielend übernehmen sie eine mörderische Botschaft:

So berichtet eine deutsche Lehrerin an einer palästinensischen Schule in Ost-Jerusalem, »dass Kinder in Gaza an einem offiziell ausgerufenen Protesttag, einem ›Day of Rage‹, ein Theaterstück aufgeführt haben, das suicide boming verherrlicht. Ein kleiner Junge ist als Selbstmörder verkleidet, mit einem Alu-Päckchen am Gürtel. Mit dem Ruf ›Wir sterben im Namen Gottes‹ reißt er das Päckchen auf, stürzt zu Boden: andere Jungen, die israelische Fahnen tragen, stürzen mit ihm ›zu Tode‹: sie stellen die Opfer dar, die getöteten Juden. Ein Mädchen ruft: ›Erhebt die Fahne zum heiligen Krieg.‹ Alle Kinder sind jünger als zehn Jahre« (Greiner 2001, S. VII).

Auf diese Weise werden Loyalitäten hergestellt, die jede Sympathie für Angehörige der Feindesgruppe als Verrat an der eigenen Gruppe erleben lässt. Es liegt deshalb nahe, solche Gefühle schnellstmöglich abzutöten, um gar nicht erst in die Versuchung einer Verständigung zu kommen.

Dazu erzählt Milovan Djilas in seinem autobiographischen Bericht »Land ohne Recht« (1958, S. 120) eine bemerkenswerte Begebenheit: Ein Montegriner und ein Türke, Vertreter zweier verfeindeter Bevölkerungsgruppen, treffen in einem Gebiet aufeinander, das für beide gefährlich ist. Deshalb sind sie froh, einander begegnet zu sein, zumal sie sich beide als friedfertig wahrnehmen. Sie ziehen plaudernd und rauchend ihres gemeinsamen Weges, wobei sie einander näher kommen. Während einer Rast an einem Bachufer zieht Sekula, der Montegriner, eine Pistole, zeigt sie dem Türken: »Der betrachtete die Waffe, lobt sie und fragte Sekula, ob sie geladen sei. Sekula bejahte, und in diesem Augenblick fiel ihm ein, dass er den Türken durch einen leichten Fingerdruck töten konnte. Er hatte sich aber noch nicht dazu entschlossen. Er richtete die Pistole auf den Muselmanen, gerade zwischen seine Augen, und sagte: ›Ja, sie ist geladen, und ich könnte dich jetzt töten‹. Der Muselmane blinzelte in die Mündung, lachte und bat Sekula, anderswohin zu zielen, da die Waffe ja losgehen könnte. In diesem Augenblick wusste Sekula ganz klar, dass er seinen Weggefährten töten musste. Er hatte die Schande einfach nicht ertragen können, wenn er diesen Türken verschont hätte. So schoss er, wie zufällig, mitten in das lächelnde Gesicht, zwischen die Augen.«

Wie lässt sich diese Tat erklären? Als der Montegriner mit seiner Pistole vor den Augen seines türkischen Weggefährten herumspielt, hat er noch keinerlei Tötungsabsicht. Kurz darauf drückt er ab. Ist es wirklich er, der abdrückt? Djilas schreibt, Sekulas »Finger (habe) wie von selbst abgedrückt. Irgendetwas war in ihm zum Durchbruch gekommen, was er von Geburt an mit sich herumtrug und was er einfach nicht zurückhalten konnte.« Den Repräsentanten der Feindesgruppe zu töten, ist dem Täter körperlich eingeschrieben. Er verkörpert die Feindschaft, die seit seiner Geburt ein Teil seiner selbst ist. Sekula muss den Türken töten, weil er sich ihm nahe fühlt, keinen Hass verspürt. Indem er ihn tötet, erfüllt er seine Loyalitätspflicht, an die ihn sein Köper erinnert.

Hass schüren

Feindbilder sind mentale Konstruktionen. Sie resultieren als Niederschlag von Sozialisationsprozessen, die verschiedene Kommunikationsmedien nutzen, um Hass und Gewalt zu »sähen«. Dabei kommunizieren Menschen, die hassen, auf eine bestimmte Weise (Butler 1997; Delgado u. Stefancic 2004). Sie gebrauchen Sprache nicht, um sich argumentativ zu verständigen. Was wie Argumente erscheinen mag, sind keine, weil sie ohne Irrtumsvorbehalt und damit ohne die Bereitschaft formuliert werden, sich eines Besseren belehren zu lassen. Ihrem Wahrheitsgehalt nach besteht die Hass-Sprache (»hate speech«) aus Stereotypen und Klischees. Um sie einer Überprüfung von vornherein zu entziehen, werden sie in einem Tonfall vorgetragen, der keinen Widerspruch duldet (Krämer 2003). Die Hass-Sprache ist dann auch arm an kognitivem Gehalt. Es überwiegt ihr autoritativer Gestus, mit dem das Hassobjekt entwertet – und das heißt: beschimpft, verhöhnt, verspottet, beleidigt – wird. Zudem dient die Hass-Sprache der Hetze. Als Hassrede ruft sie zu einer Hetzjagd auf das Hassobjekt auf. Gegen es zu hetzen, zielt immer auf die Mobilisierung der Hassbereitschaft von Dritten. Sie sollen das Hassobjekt einkreisen und ihm alle Fluchtmöglichkeiten nehmen, bis es erschöpft zusammenbricht.

Empathie lässt sich dem Hassobjekt umso leichter verweigern, wenn es mit allen sprachlichen und bildlichen Mitteln als das nicht einfühlbare Andere dargestellt wird. Diese Darstellung erfolgt in vier rhetorischen Schritten, die weltweit die Hasspropaganda kennzeichnen. Ihr Ziel ist ein sukzessiver sozialer Ausschluss (Clark 1999). Es sind dies die Schritte der Entindividualisierung, Entpersonalisierung und Entmenschlichung (Moses 1990).

Bei der Entindividualisierung wird dem Hassobjekt sein Status als Individuum, das unverwechselbare Merkmale hat, abgesprochen. Stattdessen schreiben ihm die Menschen, die es hassen, alle Merkmale zu, die sie der – von ihnen entwerteten – sozialen Gruppe zuschreiben, zu der es gehört. Entpersonalisierung greift weiter aus. Nunmehr wird dem Hassobjekt auch sein Status als Person abgesprochen. Schließlich erfolgt seine Entmenschlichung. Das Hassobjekt erscheint nicht länger als Mensch, sondern als Tier, bevorzugt als »Schädling« oder »Ungeziefer«.

Dabei verbindet sich der Hass mit Ekel. Beides sind Gefühle aggressiver Ablehnung, die sich aber in den Handlungsbereitschaften unterscheiden, die mit ihnen verbunden sind: »Als ekelhaft wird immer ein Ding empfunden, [...] das man weder vernichtet noch flieht, sondern wegräumt« (Kolnai 1929, S. 525). Wegräumen erscheint als die weniger aggressive Handlung, weshalb Immanuel Kant (1803, S. 25) sogar soweit geht, für die Erziehung von Kindern zu fordern, »die Verabscheuung des Ekels [...] an die Stelle des Hasses zu setzen«, da »innere Abscheu« vergleichsweise weniger gewalttätig wird. Wie die Verbindung von Hass und Ekel wirkt, dürfte vom Mischungsverhältnis abhängen. Überwiegt der Ekel, wird die Vernichtungsaggression gemildert. Überwiegt der Hass, erhält er im Ekel einen physiologischen Verstärker. Zu diesem Zweck gehört es zum Standardrepertoire aller Hassrhetorik das Hassobjekt als Ekel erregend darzustellen (Haidt et al. 1997).

Geläufig ist eine Darstellung als »Parasit«, die nicht nur Ekel zu erregen vermag, sondern zudem medizinische Vorstellungen wachruft: Parasiten übertragen Infektionskrankheiten, die sich seuchenartig ausbreiten können, wenn sie nicht bekämpft und ausgerottet werden. Ihre Bekämpfung und Ausrottung geschieht ohne jegliches Schuldgefühl. Im Gegenteil. Es sind Überleben sichernde Maßnahmen, die der »Reinerhaltung« des eigenen Blutes dienen.

Vor allem sozialdarwinistisches Denken bietet zahllose Beispiele für ein Schüren von Hass mit Hilfe von Verseuchungsängsten. So heißt es in dem Buch »Juden und Indogermanen« von Paul de Lagarde aus dem Jahr 1887: »Mit Trichinen und Bazillen wird nicht verhandelt. Trichinen und Bazillen werden auch nicht erzogen, sie werden so rasch und so gründlich wie möglich vernichtet« (zit. n. Enzensberger 2001, S. 179).

Die rhetorische Entmenschlichung bleibt allerdings nicht auf der Stufe organischen Lebens stehen. Der ultimative soziale Ausschluss besteht in der Verdinglichung des Hassobjekts. Es wird zu einer bloßen Sache: zu »Menschenmaterial«. Genau genommen ist diese Verdinglichung jedoch paradox strukturiert, worauf Emanuel Levinas (1993, S. 351) hinweist: »Das Subjekt muss in seinem Schmerz um seine Verdinglichung wissen, aber gerade dazu muss das Subjekt Subjekt bleiben. Wer hasst, will beides. Daher der unersättliche Charakter des Hasses; er ist gerade dann befriedigt, wenn er es nicht ist; denn der Andere befriedigt den Hass nur, indem er Objekt wird; aber er kann nie genügend Objekt werden, da man, während man seine Vernichtung fordert, gleichzeitig sein Bewusstsein und sein Zeugnis verlangt. Darin liegt die logische Absurdität des Hasses.«

Entindividualisierung, Entpersonalisierung und Entmenschlichung gehören zum rhetorischen Repertoire aller Propagandisten des Hasses. Mehr noch als Worte wirken in diesem Zusammenhang Bilder (Keen 1987). Das hat bereits Gustave LeBon (1895/1982, S. 44, 71 f.) Ende des 19. Jahrhunderts in Auseinandersetzung mit den Massenbewegungen der französischen Revolution in konterrevolutionärer Absicht programmatisch formuliert: »Die Massen können nur in Bildern denken und lassen sich nur durch Bilder beeinflussen. Nur diese schrecken oder verführen sie und werden zu Ursachen ihrer Taten« – »Die Macht der Worte ist mit denen der Bilder verbunden, die sie hervorrufen, und völlig unabhängig von ihrer wahren Bedeutung.«

Die Erfolgsaussichten seiner Methode erscheinen LeBon nicht zuletzt deshalb als gut, weil Bilder emotionaler sind und Emotionen schneller handlungsleitend werden als Begründungen. Damit tritt er für eine Ästhetisierung der Politik ein, deren Ziel es ist, Kontrolle über die Einbildungskraft der Menschen zu gewinnen. Eine der eindrucksvollsten Beschreibungen einer solchen Beeinflussung findet sich im ersten Kapitel von Georg Orwells negativer Utopie »1984«, in dessen Mittelpunkt die multimodale tägliche »Zwei-Minuten-Hass-Sendung« steht, an der die Ozeanier vor ihren Televisoren teilnehmen müssen. Winston Smith, der »Held« des Romans, sieht sie in seiner Dienststelle im »Wahrheitsministerium« (Orwell 1950, S. 8 ff.).

Zentrales Element jeder dieser Sendungen, mit denen der »Große Bruder« die Bevölkerung des Landes hinter sich zu bringen sucht, ist »das Gesicht Emmanuel Goldsteins, des Volksfeinds«. Über ihn geht die Legende, dass er ein einstiger Parteigänger des Großen Bruders gewesen sei, der sich aber »konterrevolutionärer Machenschaften« schuldig gemacht habe. Der Vollstreckung des gegen ihn verhängten Todesurteils habe er sich jedoch durch die Flucht in den Untergrund entzogen, von wo aus er seitdem gegen Ozeanien aufrüste.

Etymologisch verweist Hass auf Hässlichkeit. Damit bewahrt die Sprachgeschichte eine spezifische Erfahrung: Hass geht auch mit einer ästhetischen Entwertung einher. Wer gehasst wird, ist hässlich. Aber nicht von sich aus. Vielmehr macht der Hass ihn hässlich. Die dazu passende propagandistische Strategie schürt Hass, indem das Hassobjekt hässlich dargestellt wird. Und so zeigt die Hass-Sendung Goldsteins Gesicht in Großaufnahme – ein jüdisches Gesicht, das »eine Art seniler Blödheit auszustrahlen schien. Es ähnelte einem Schafsgesicht und auch die Stimme hatte etwas Schafsmäßiges«. Mit dieser lächerlichen Stimme »[tritt] er für Rede-, Presse-, Versammlungs- und Gedankenfreiheit ein«. Und während er dies tut, wird sein Gesicht von endlosen Reihen vorbeimarschierender feindlicher Soldaten überblendet, die seine Rede Lügen strafen und die Menschenmenge vor dem Televisor in Angst und Schrecken versetzen, durch den ihr Hass von Minute zu Minute anschwillt.

»In der zweiten Minute steigerte sich die Hassovation zur Raserei. Die Menschen sprangen von ihren Sitzen auf und schrieen mit vollem Stimmaufwand, um die zum Wahnsinn treibende Blöckstimme, die aus dem Televisor kam, zu übertönen […] Das dunkelhaarige Mädchen hinter Winston hatte angefangen ›Schwein! Schwein! Schwein!‹ hinauszuschreien […] In einem lichten Augenblick ertappte sich Winston, wie er mit den anderen schrie und trampelte. Das Schreckliche an der Zwei-Minuten-Hass-Sendung war nicht, dass man gezwungen wurde, mitzumachen, sondern im Gegenteil, dass es unmöglich war, sich ihrer Wirkung zu entziehen. Eine schreckliche Ekstase der Angst und der Rachsucht, das Verlangen zu töten, zu foltern, Gesichter mit einem Vorschlaghammer zu zertrümmern, schien die ganze Versammlung wie ein elektrischer Strom zu durchfluten, so dass man gegen seinen Willen in einen Grimassen schneidenden, schreienden Verrückten verwandelt wurde.«

Krieg und Hass

Einer der zahllosen gattungsgeschichtlichen Synonyme für Grausamkeit ist »My Lai«. In diesem kleinen unbewaffneten vietnamesischen Dorf hat während des Vietnamkriegs ein Massaker stattgefunden, in dem alle Einwohner grund- und gnadenlos niedergemetzelt worden sind. Ähnliche Gewaltexzesse ziehen sich wie ein roter Faden durch die Menschheitsgeschichte (Sternberg 2003). Wenn wir glauben, dass sie unsere Verständnismöglichkeiten sprengen, dann meist nur deshalb, weil wir davor zurückschrecken, genau hinzusehen.

Denn Massaker zeigen eine erstaunlich gleichförmige Sozio- und Psychodynamik (Sofsky 1996, S. 173 ff.). Sie setzen Zweckrationalität außer Kraft. Stattdessen sind sie von einer Logik erschöpfender Verausgabung beherrscht. Niemand wird verschont. Wenn die Schergen den Schauplatz verlassen, sind sie erschöpft, und alles Leben ist vernichtet. Die bereits zusammengetriebenen oder noch gejagten Menschen werden nicht einfach getötet, sondern qualvoll zerfleischt. Ein schneller Tod wird nicht gewährt. Es ist eine perverse Kreativität am Werk, die Körperteile abtrennt und neu kombiniert. Und auch Tote nicht einfach tot sein lässt, sondern deren Leichen verstümmelt.

Keiner der Schergen darf sich ausschließen. Und da jedes Zeichen von Mitleid mit den Opfern als illoyale Schwäche gedeutet werden kann, überbieten sich die Schergen in der Demonstration von Grausamkeit. Sie warten auch nicht auf Befehle, da dies bereits einer Verweigerung gleichkommt. Vielmehr wird Eigeninitiative verlangt. Dabei werden vorübergehend auch die Rangunterschiede unter den Schergen nivelliert. Für die Zeit des Massakers zählt nur die Gewalt, die der Einzelne auszuüben fähig ist.

Die größte Provokation für die Schergen ist es, wenn sich eines der Opfer selbst tötet. Denn dies wird als ein Akt der Souveränität erlebt, der die angemaßte Souveränität der Schergen begrenzt und deshalb in der Folge zu einer wütenden Verschärfung der Grausamkeiten führt. Das Gefühl von Grandiosität, die sich an keine sozialen Regeln, vielleicht nicht einmal an die Naturgesetze zu halten braucht, sondern willkürlich über Leben und Tod entscheidet, ist dann auch am ehesten der psychische Zustand, den die Schergen anstreben. Deshalb hemmt die Ahnung oder gar das Wissen, dass man es mit Unschuldigen zu tun hat, auch nicht die Gewaltbereitschaft, sondern steigert sie. Was kann Willkür besser unter Beweis stellen, als nackte Gewalt, die sich nicht sinnstiftend rechtfertigen lässt. Wieweit die Schergen während eines Massakers eine Lust am Töten erleben, ist schwer zu sagen, wahrscheinlich aber eine unzureichende Beschreibung. Eher gewinnt man den Eindruck einer kontraphobischen Raserei, in der die Schergen ihre Gruppe und sich selbst als unverwundbare Einheit erleben.

Der skizzierte Idealtypus eines Massakers belegt anscheinend zweifelsfrei: Zu solchen Grausamkeiten sind nur Menschen fähig, die ihre Opfer zutiefst hassen. Aber vielleicht ist diese Unterstellung noch die erträglichere Erklärungsvariante. Denn dann hat man es wenigstens mit Menschen zu tun, die fühlen. Hört man Leutnant Calley, der das Massaker angeführt hat und dem seinerzeit der Prozess gemacht wurde, ist von Hass nicht die Rede, stattdessen von einer lebenslangen antikommunistischen Indoktrination, die zu blindem Gehorsam führt: »[Ich] betrachtete den Kommunismus so, wie zum Beispiel ein Südstaatler einen Neger sieht: Es ist böse. Es ist schlecht. Ich besuchte die Schule in den fünfziger Jahren, und es wurde uns von der Mittelschule an eingehämmert: ›Ham'se‹ ist falsch, ›Haben Sie‹ ist richtig; Kommunismus ist schlecht, Demokratie ist gut, eins und eins ist zwei usw. […] Ich war nur ein einfacher Durchschnittsbursche, das bin ich heute noch. Ich sage mir immer: Die in Washington sind schlauer als ich« (zit. n. Sack 1972, S. 82).

Setzt man an die Stelle des Antikommunismus den Antisemitismus, dann sucht auch der Leser der autobiographischen Aufzeichnungen von Rudolf Höß (Broszat 1981), dem Lagerkommandanten von Auschwitz, vergebens nach hasserfüllten Äußerungen. Stattdessen trifft er auf einen Menschen, der ganz in seinen Verwaltungspflichten aufgeht.

Blinder Gehorsam benötigt keinen Hass, um zu exzessiver Gewalt fähig zu sein. In puncto Kriege ist Hass in der Moderne sogar zu einem antiquierten Modus emotionalen Erlebens und Handelns geworden. Für einen modernen Krieg braucht man keine Soldaten, die den Feind hassen. Der Hass, der den Kämpfern Todesmut verleiht, indem er sie ohne Rücksicht auf Leib und Leben, fremdes wie eigenes, vorwärts peitscht, gehört technisch einer vormodernen Stufe der Kriegsführung an. Der moderne Soldat muss nur eines: funktionieren. Und da ist Hass eher hinderlich. Als integraler Bestandteil einer von Computern gesteuerten Maschine würden ihn leidenschaftliche Gefühle daran hindern, gute Arbeit zu leisten. Hass hilft, sich dem Feind zu nähern. Modernes Töten aber findet aus der Ferne statt. Und diejenigen, die den Tod bringen, haben ausschließlich technische Probleme.

Bombardierungen funktionieren ohne Hass. Inzwischen will die propagierte Vorstellung einer »chirurgischen« Kriegsführung mit Lenkwaffen, die aus großer Distanz abgefeuert werden und mit elektronischen Augen selbständig ihr Ziel suchen, auch noch den letzten Skeptiker von einer menschenfreundlichen Kriegsführung überzeugen. Hass wird allenfalls noch geschürt, um im Falle schwacher Legitimationen für kriegerische Gewalthandlungen die Bevölkerung hinter die Fahne zu bringen (McArthur 1993, Kap. 2): Als die US-amerikanische Bevölkerung zu Zeiten des Ersten Golfkriegs zögerte, die Kriegspläne von George Bush zu unterstützen, startete die kuwaitische Exilregierung eine perfide PR-Kampagne. Sie spielte der amerikanischen Presse Bildberichte zu, die augenscheinlich bewiesen, dass die in der Hauptstadt von Kuwait eingedrungenen irakischen Soldaten in Krankenhäusern absichtlich Brutkästen abgeschaltet hatten, so dass die Frühgeborenen elend starben. Diese Berichte waren jedoch Falschmeldungen, die zuvor von einer PR-Agentur auf ihre emotionalisierende Wirkung hin getestet worden sind. Da sie das dämonische Feindbild Saddam Husseins bestätigten, wurden sie leicht geglaubt. In der US-amerikanischen Bevölkerung schürten sie den Hass, der nötig war, um letzte Zweifel an der Legitimität des Krieges zu beseitigen.

Besonders wirksam sind Strategien, die ein »gewähltes Trauma« (Volkan 1999, S. 73 ff.) benutzen, um Hass zu schüren. Der Begriff meint ein Ereignis aus dem kulturellen und kommunikativen Gedächtnis einer Gruppe, das den Gruppenmitgliedern brennende Scham bereitet, für die – in ihrer Wahrnehmung – eine andere Gruppe verantwortlich ist. Am besten eignen sich Ereignisse aus einer mythischen Vergangenheit, weil es dann leichter fällt, eine Geschichte zu erzählen, die nicht der historischen Wahrheit entspricht, sondern dazu dient, den eigenen Selbstwert zu erhöhen und hasserfüllte Rache zu legitimieren. Ein prototypisches Beispiel dafür ist die Selbstinszenierung Slobodan Milosevics als Prinz Lazar (Wirth 2002, S. 284 ff.).

Während Hass in modernen, waffentechnisch hoch gerüsteten Kriegen nur ausnahmsweise als Motivationsverstärker für Gewaltbereitschaft gebraucht wird, dürfte dies bei waffentechnisch unterlegenen Kampfgruppen anders sein. Dort hilft der Hass mit, die Todesverachtung zu erzeugen, ohne die kein islamistischer Selbstmordattentäter seinen Sprengstoffgürtel zündet. Und so gehört die Trias aus Fanatismus, Fundamentalismus und Hass zu den globalen Bedrohungen des 21. Jahrhunderts.

Der Fanatiker ist ein Sozialtypus des Hasses (Hole 2004). Obwohl Fanatismus nicht Hass bedeuten muss, liegt die Verbindung doch nahe. Fanatiker sind Menschen, die ihr ganzes Leben in den Dienst einer Idee stellen, die sie für absolut gültig halten. Die Verbreitung und Verteidigung dieser Idee ist ihnen wichtiger als ihr eigenes Leben. Gegenüber Menschen, die ihrer Idee kritisch, skeptisch oder auch nur indifferent betrachten, sind sie intolerant und feindselig. Sie denken in polaren Kategorien: entweder – oder, wer nicht ihresgleichen ist, muss bekämpft werden. Kompromisse gibt es nicht. Verständigung findet nicht statt. Diese Starrheit weist sie als Fundamentalisten aus.

Obgleich der Fundamentalismus als vormodern erscheint, ist er eine moderne Erscheinung (Hubbert 1996). Er entsteht als Reaktion auf die Entzauberung der Welt. Die Erschütterung traditionaler Sicherheiten im Hinblick auf Handlungswissen, Glauben und leitende Normen erzeugt Angst. Wenn Kontingenz – das Bewusstsein, das es keine »natürliche« soziale Ordnung gibt, sondern jede Ordnung das Resultat gesellschaftlichen Handelns ist, das prinzipiell auch anders hätte ausfallen können – zunimmt, löst dies alle Selbstverständlichkeiten auf und führt zu der Notwendigkeit einer permanenten reflexiven und selbstreflexiven Überprüfung getroffener Entscheidungen. Orientierungssicherheit kann man allein über Verfahren gewinnen, die sich nur pragmatisch still stellen lassen. Damit wird der Zweifel zu einem ständigen Begleiter der eigenen Lebensführung. In dieser Situation verspricht der Fundamentalismus verunsicherten Menschen einen Gewinn an Orientierungssicherheit durch eine radikale Reduzierung von Komplexität. Dabei berufen sie sich auf die Fortführung von Jahrhunderte alten – dem Anspruch nach: ewigen – Traditionen, die freilich erst im historischen Rückblick als solche konstruiert werden.

Fundamentalismen kommen in allen Lebensbereichen vor, wobei der religiöse Fundamentalismus als Fanatismus gegen die Moderne am Anfang des 21. Jahrhunderts das größte Problem darstellt. Auch wenn derzeit der Aufmerksamkeitsfokus auf dem Islamismus liegt, waren auch das Christentum und das Judentum nicht frei von fundamentalistischen Bewegungen und sind es – wie ein Blick in die USA und Israel belegt – bis heute nicht. Besonders brisant erweist sie dabei die fehlende Trennung von Politik und Religion. Deren Trennung gehört aber zu den zentralen Errungenschaften der Aufklärung. Denn ohne diese funktionale Differenzierung gesellschaftlicher Subsysteme besteht beständig die Gefahr, dass die Religion, die für die »letzten Dinge« des Menschen und damit für sein »Heil« zuständig ist, von der Politik instrumentalisiert wird. Die vom Islamismus beherrschten »Gottesstaaten« sind in dieser Hinsicht für alle Demokratien erschreckende Beispiele. Als Träger des religiösen Fundamentalismus imponieren dabei zu einem Gutteil nicht die bildungsfernen Schichten, sondern die gebildeten, die Erfahrungen mit dem Westen haben. Indem sie den Hass ihrer Bevölkerungen gegen den Okzident schüren, überspielen sie ihre tiefe Kränkung, dass der Orient – einst die zivilisatorische Blüte der Menschheit – im Vergleich mit ihm längst zu einem rückständigen Teil der Welt geworden ist.

Der so genannte »Streit um die Mohammed-Karikaturen« im Frühjahr 2006 hat gezeigt, welche Gewaltbereitschaft die Trias aus Fundamentalismus, Fanatismus und Hass freisetzt. Die Hassreden von Führern der islamischen Welt, wie die des iranischen Präsidenten Mahmud Ahmadinedschad hallen wider im authentischen Hass zahlloser Gläubiger wie auch im bestellten Hass all derer, die zu »spontanen« Massendemonstrationen zusammen gerufen werden. Gespenstisch ist das Bild einer verschleierten Frau in London, die auf einem Plakat dem Westen droht: »Be prepared for the real holocaust!«

Selbsthass

Wer kennt nicht den Slogan »Black is beautiful«? Gegen die Diskriminierung durch Weiße gewendet, behauptet er zunächst eher trotzig als selbstverständlich den Stolz, afroamerikanischer Herkunft zu sein. Er richtet sich – genauso wie die Bezeichnung »Nigger«, wenn Afroamerikaner sie untereinander gebrauchen (Kennedy 2002) – nicht nur gegen rassistische Weiße, sondern zielt gleichzeitig auf die eigene Ethnie: ruft deren Angehörige dazu auf, stolz zu sein, eben weil viele auf ihre Herkunft, die sich in ihrer Hautfarbe sichtbar manifestiert, nicht stolz sind, sondern sich ihrer schämen (Charles 2003). So hat sich in den USA, in Südafrika oder auf Jamaika eine ganze Industrie entwickelt, die von dem Wunsch vor allem von Unterschichtangehörigen profitiert, glattes Haar und helle Haut zu haben, auch wenn der Gebrauch von stereoiden Bleichungscremes ein Gesundheitsrisiko ist: »Ich weiß, dass es schlecht für deine Haut sein kann«, erzählt eine 22-jährige Jamaikanerin (zit. n. Kovalevski 1999, A 15), »aber ich habe nichts zu verlieren, wenn ich hellere Haut will. Ich bin arm und gelangweilt, weißer zu sein, wird mich zufriedener machen. Ich möchte, dass die Leute denken, ich bin mehr als ein Ghetto-Mädchen. Ich will in Diskotheken gehen und mich wie ein Filmstar fühlen, ein weißer Filmstar.« Und reichen die Cremes nicht aus, setzen Schönheitschirurgen ihr Skalpell an, um negroide Gesichtszüge zu verändern. Das Leben eines Michael Jackson bietet dafür ein extremes, aber instruktives Anschauungsbeispiel (Hunter 2005).

Nun schützt aber auch makellose weiße Schönheit nicht vor einem auf den Körper bezogenen Selbsthass. Das belegt etwa das Schicksal der Sängerin Nico, die einst Andy Warhol für die von ihm protegierte Popgruppe »Velvet Underground« engagiert hatte (Ofterdinger 1996). Von Fans wegen ihrer Schönheit bewundert, aber gleichzeitig wie eine Ikone auf Distanz gehalten, begann sie ihren Körper zu hassen – und systematisch zu zerstören. Exzessiver Drogenkonsum und eine systematisch betriebene Verwahrlosung verwandelten ihre Schönheit in Hässlichkeit. Erst ihr körperlicher Verfall verschaffte ihr eine Ruhe, die sie vorher nicht fand. Denn erst dadurch trat sie aus dem Bild heraus, das sie gefangen hielt.

Selbsthass (Scharff u. Tsiqouinis 2002) ist vor allem dann wahrscheinlich, wenn Menschen mit Idealen identifiziert sind, denen sie selbst nicht genügen. Friedrich Wedekind (1905/1964) hat dies in seinem Drama »Hidalla oder Karl Hetmann, der Zwergriese« für die deutschnationale Rassenideologie vor dem Ersten Weltkrieg durchgespielt. Der Protagonist seines Dramas ist Sekretär des »Internationalen Vereins zur Züchtung von Rassemenschen«.

In dieser Funktion propagiert er fanatisch arische Standards eines lebenswerten Lebens, die er, schief gewachsen wie er ist, selbst nicht erfüllt. Da er ganz in seiner Mission aufgeht, merkt er lange nicht, wie sehr ihn seine Vereinsbrüder wegen seiner Kleinwüchsigkeit verspotten. Sie wenden seine Standards auf ihn selbst an. Als er dies nicht länger ignorieren kann, begeht er Selbstmord, um seinem Ideal treu zu bleiben. Mit unbarmherziger Konsequenz vernichtet er sich selbst als das wertlose Leben, das er nach den Kriterien seiner Rassenideologie ist.

Derartiges Scheitern kommt freilich nicht nur auf der Bühne vor. Erinnert sei an den Amoklauf des Schülers Robert in Erfurt, der ähnlich motiviert gewesen sein mag (Eisenberg 2002). Robert beantwortet seinen Schulverweis mit einer mörderischen Gewalt, mit der er sich – von Hass erfüllt – an allen seinen vermeintlichen Verfolgern rächt. Bis heute verstört an diesem Fall, dass der Schüler aus einer Familie stammt, die als »normal« gilt. Das legt den Verdacht nahe, dass Normalität in unserer Gesellschaft keine Garantie für eine stabile Pazifisierung ist. Rekonstruiert man Roberts Geschichte, so darf man vermuten, dass er nie gelernt hat, konstruktiv mit Enttäuschungen umzugehen, sondern solche Erfahrungen als existenzielle Entwertungen erlebt. Jede neue Enttäuschung vertieft die alten und bestätigt ihm, nichts wert zu sein. Wie diese Selbstwertschwäche entstehen konnte, darüber lässt sich kaum etwas sagen. Vermutlich spielen aktive Entwertungen durch die Eltern eine vergleichsweise geringe Rolle. Eher dürfte Robert von Kindheit an auf Indifferenz gestoßen sein und sie als Beweis verstanden haben, dass es keinen Unterschied macht, ob es ihn gibt oder nicht. Da es unter solchen Bedingungen schwer fällt, Schuldige auszumachen – elterliche Gewalt kommt weder als Unterdrückung noch als Vernachlässigung vor – entsteht ein diffuser Hass, der ständig zwischen Fremd- und Selbsthass oszilliert.

Die »Wahl«, Amok zu laufen, spiegelt genau diese Oszillation (Sofsky 2002, S. 38 ff.): Zum Schluss tötet sich der Amokläufer selbst, weil er ebenso wenig glaubt, er habe es verdient zu leben, wie er das Lebensrecht seiner Opfer negiert. Gegen wen er losschlägt, ist zwar nicht beliebig, aber doch auch ein – bei aller Rache – verzweifelter Versuch, Schuldige für sein Leiden zu finden. So wie sich die Gewaltbereitschaft gegen das probeweise eingesetzte Hassobjekt während des »Laufs« erschöpft, baut sie sich gegen die eigene Person auf. Der Selbstmord, in dem die Tragödie endet, imponiert dabei weniger als Flucht aus der Verantwortung für die begangenen Morde, sondern resultiert aus der tief beschämenden Erkenntnis, dass alle Raserei nicht hilft. Beruht der Amoklauf auf der lebensgeschichtlichen Erfahrung, permanent um Anerkennung kämpfen zu müssen, ohne jemals Anerkennung zu finden, weil die Suche von vorn herein vergeblich erscheint, dann erfolgt der Selbstmord vielleicht gar nicht aus Selbsthass, sondern aus Gefühllosigkeit: Der Amokläufer klinkt sich – indifferent gegen das eigene Leben – aus dem vergeblichen Kampf um Anerkennung aus. Im »Einverständnis« damit, »wertloses Leben (social junk)« (Fattah 2002) zu sein, liquidiert er sich selbst.

Unter dem Gesichtspunkt der Gruppenzugehörigkeit ist Selbsthass der emotionale Niederschlag eines unbedingt angestrebten, aber verunmöglichten sozialen Aufstiegs (Loewenberg 1979, S. 464 ff.). Gruppenzugehörigkeiten können die Erreichung persönlicher Ziele erleichtern oder erschweren. Mitglieder unterprivilegierter Gruppen haben einen typischen Konflikt: Einerseits sind sie ihrer Herkunftsgruppe verpflichtet, andererseits wissen sie, das die Mitglieder der privilegierten Gruppe die besseren Chancen haben, ihre Ziele zu erreichen. Da die privilegierte Gruppe ihren Hegemonialstatus verteidigt, nimmt sie nur wenige Mitglieder der unterprivilegierten Gruppe auf, gleich, wie sehr die sich auch anstrengen mögen. Der Großteil bleibt ausgeschlossen.

Vor allem diejenigen Mitglieder der unterprivilegierten Gruppe, die aufstiegsorientiert sind und sich deshalb bereits die Werte und Normen angeeignet haben, nach denen die Mitglieder der privilegierten Gruppe leben, leiden unter ihrem Ausschluss. Indem sie ihre Herkunftsgruppe aus der Perspektive ihrer Bezugsgruppe betrachten, fühlen sie sich minderwertig. Und das umso mehr, je mehr sie mit denen identifiziert sind, die sie ausschließen.

Nun gäbe es zwar die Möglichkeit, die privilegierte Gruppe zu bekämpfen. Selbst ein Sieg wäre aber eine Niederlage. Denn der Kampf würde das Ziel zerstören: Wird die Aufnahme in die privilegierte Gruppe erzwungen, erfolgt sie ohne deren Wertschätzung. Auf die kommt es den aufstiegsorientierten Mitgliedern der unterprivilegierten Gruppe aber an. Ohne diese Wertschätzung behält ihr Aufstieg einen Makel, der geeignet ist, bestehende Minderwertigkeitsgefühle zu verstärken. Deshalb verharren die aufstiegsorientierten, aber erfolglosen Mitglieder der unterprivilegierten Gruppe in einer prekären Position: Durch ihre Identifikation mit den Werten und Normen der Bezugsgruppe haben sie sich von den Mitgliedern ihrer Herkunftsgruppe entfernt, mehr noch: sie haben sich schuldig gemacht, weil ihre Aufstiegsorientierung die Zurückbleibenden in Zurückgebliebene verwandelt, mithin weiter entwertet. Gleichzeitig schämen sie sich aber auch, weil sie ihren Ausschluss als persönliches Versagen erleben. Diese Mischung aus Schuld- und Schamgefühlen kulminiert im Selbsthass, in dem die Betroffenen ihre Aggressionen gegen die eigene Person wenden.

Eine vorübergehende Beruhigung des Selbsthasses tritt ein, wenn den Mitgliedern einer unterprivilegierten Gruppe eine Unterschichtung gelingt: wenn sie ihrerseits auf Mitglieder einer Gruppe herabblicken können, für die sie zu einer privilegierte Gruppe gehören. Dann halten sich Stolz und Scham vielleicht die Waage. Die Situation bleibt aber prekär. Ist der soziale Abstand zwischen der unterprivilegierten Gruppe und der unterschichteten Gruppe, auf die sie mit Stolz herabblickt, nicht wirklich gegeben oder nur geringfügig, auf jeden Fall sehr viel geringer als der soziale Abstand beider Gruppen zu der privilegierten Gruppe, die sie beschämt, dann bringt der Selbsthass eine solche Selbstwertkonstruktion leicht zum Einsturz.

Eine eindrucksvolles Beispiel dafür bietet ein Gespräch, das Michael Ignatieff (1998, S. 95) mit einem serbischen Freischärler in Ostkroatien auf einem Bauernhof, durch den die Front verläuft, geführt hat. Er könne nicht ausmachen, worin sich die Serben hüben und die Kroaten drüben unterscheiden. Daraufhin zeigt ihm der serbische Freischärler eine Zigarette, die er aus seinem Jackett zieht, und belehrt ihn, dass das serbische Zigaretten seien, während Kroaten kroatische Zigaretten rauchen würden: »›Aber es sind doch beides Zigaretten?‹ ›Ihr Ausländer versteht nichts!‹ Er zuckt mit den Schultern und fängt wieder an, seine Zavasto-Maschinenpistole zu reinigen. Doch die Frage hat ihn offenbar irritiert. Ein paar Minuten später wirft er seine Waffe auf das Bett zwischen uns und sagt: ›Ich will dir sagen, wie ich es sehe. Die da drüben wollen Gentlemen sein. Halten sich für fancy Europäer. Ich sage dir etwas: Wir sind einfach alle balkanische Scheiße!‹ «.

Hass und Demokratie

Im Alltagsbewusstsein herrscht eine populistische Vorstellung von Demokratie. Ihr zufolge beschränkt sie sich auf den Prozess der Mehrheitsbildung: Wer die Mehrheit erreicht, hat Recht. Dass es gleichermaßen um den Schutz von Minderheiten geht, ist vielen weit weniger bewusst. Nur wenn sie geschützt werden, können Minderheiten von heute Mehrheiten von morgen werden. Würde Demokratie nichts weiter als das Recht der Mehrheit sein, wäre alles gerechtfertigt, was mehrheitlich »Volkswille« ist. In diesem Sinne wurde in den Südstaaten der USA lange Zeit die Diskriminierung afroamerikanischer Bürger betrieben. Es war schließlich der Supreme Court, der diese Diskriminierung verbot und den »Volkswillen« den Menschenrechten unterordnete.

Die Institutionalisierung der Menschenrechte als regulative Idee einer demokratischen Gesellschaft lässt sich als ein gesellschaftliches Hassverbot verstehen. Demokratie ist mit Gruppenhass nicht vereinbar, weil er zu einem Ausschluss der Hassobjekte aus der »Volksgemeinschaft« führt. Eine den Menschenrechten verpflichtete Demokratie strebt dagegen danach, keine Gruppe auszuschließen. Damit gerät letztlich auch der Nationalstaat unter Veränderungsdruck, weil er alle diejenigen ausschließt, die nicht zu der »Volksgemeinschaft« gehören.

Aber auch der Schutz von Minderheiten hat seine Grenzen. Deshalb sieht die deutsche Verfassung ein Verbot für Parteien vor, die sich gegen die freiheitlich demokratische Grundordnung stellen. Sie sollen daran gehindert werden, die Freiheitsrechte für sich zu nutzen, um anderen diese Freiheitsrechte zu nehmen. Das Verbot darf freilich nicht leichtfertig verhängt werden – und vor allem auch nicht aus Hass, und sei es der Hass auf die Feinde der Freiheit. Nur wenn sich demokratisch gewählte Regierungen selbst an das Verbot halten, keine Politik zu machen, die Hass schürt, sind Parteiverbote als letzte Mittel glaubhaft, weil sie den Spielraum nicht antasten, der erhalten bleiben muss, um das demokratische

System selbst verbessern zu können. Der westdeutsche Antikommunismus der 1970er Jahre ist dafür ein unrühmliches Beispiel. Er belegt, wie wenig gefestigt die Demokratie damals war, da die politische Elite glaubte, sie nur durch das Schüren von Hass auf ihre Kritiker verteidigen zu können. Gefestigte Demokratien bleiben gelassener. Indem sie den Menschenrechten unter ihren Bürgern Geltung verschaffen, eröffnen sie einen gesellschaftlichen Möglichkeitsraum, in dem sich verschiedene Lebensformen in friedlicher Koexistenz ausdifferenzieren dürfen, weil frei und gleich geborene Menschen sich für sie entschieden haben.

Dass die Verwirklichung dieses Möglichkeitsraums eine Realutopie ist, braucht nicht betont zu werden. Es wird auch in Demokratien immer Menschen geben, die ihre Mitmenschen dafür hassen, dass sie anders leben. Das lässt sich nicht per Gesetz verhindern. So stößt die »Schwulenehe« in Deutschland nach wie vor vielerorts auf moralische Empörung, wenn nicht gar auf Hass, obwohl sich in ihr die Freiheit der sexuellen Orientierung manifestiert, wie sie die Menschenrechte zu gewährleisten suchen. Demokratien müssen Wege finden, den Hass zu besänftigen, der immer wieder unter ihren Bürgern aufkommen wird, weil er ein anthropologisch tief verwurzelter Modus emotionalen Erlebens und Handelns ist. Ein erster Schritt auf diesem Weg verlangt ihren Institutionen eine wachsame Bereitschaft ab, die betreffenden Bürger spüren zu lassen, dass sie im Unrecht sind, wenn sie anderen diejenigen Rechte verweigern, die sie selbst für sich in Anspruch nehmen.

Zu dieser wachsamen Bereitschaft gehört nicht zuletzt die Ächtung von Hassreden. Denn der Gebrauch von Hass-Sprache missbraucht die Meinungsäußerungsfreiheit. Einerseits ist diese Freiheit eine absolute Freiheit und es gibt keine Rechtfertigung, sie einzuschränken. Andererseits verletzen Menschen, die Hass-Sprache gebrauchen, die Würde von Mitmenschen und verspielen dadurch ihre Freiheitsrechte. Der Europäische Gerichtshof nimmt an, dass eine unbeschränkte Meinungsäußerungsfreiheit zu verbalen Eskalationen führen kann, die ein soziales Klima der Angst vor gewalttätigen Konfrontationen schaffen, in dem sich niemand mehr wagt, seine Meinung zu äußern. Deshalb bedarf die Sicherung der Meinungsäußerungsfreiheit notwendig deren Beschränkung.

Sind etwa rassistische Äußerungen überhaupt Meinungen? Die Rechtsprechung der westlichen Welt kommt immer mehr dahin, dies zu verneinen (Zimmer 2001). Eine rassistische Äußerung ist nicht nach ihrem kognitiven Gehalt zu beurteilen. Stattdessen soll sie als Sprachhandlung gelten, die einen Angriff auf die psychosoziale Integrität des Hassobjekts vollzieht, der je nach Schweregrad einer körperlichen Schädigung entsprechen kann. Dabei besteht allerdings das Problem, eine »normale« Empfindlichkeit des Hassobjekts unterstellen zu müssen, weil ihm andernfalls allein die gesamte Definitionsmacht zugestanden wird. Wem es zusteht zu sagen, wann die psychosoziale Integrität verletzt ist, markiert dann auch ein Dilemma, in dem alle Versuche stehen, verbale Diskriminierung (Graumann 1998) mittels »political correctness« (Schwartz 1997) zu vermeiden. Ob »Mohrenkopf« oder »Zigeunerschnitzel« rassistische Ausdrücke sind, darüber lässt sich streiten, auch wenn man grundsätzlich anerkennt, dass die Sprache des Hasses mit einer unbedachten Wortwahl beginnen kann.

Das Kriterium der Verletzung der Menschenwürde stellt weniger eine psychologische als eine normative Kategorie dar. Normativ heißt, dass nicht jeder, der einen berechtigten Grund hat, sich in seiner Menschenwürde verletzt zu fühlen, sich auch tatsächlich so fühlen muss. Und fühlt er sich verletzt, heißt das noch lange nicht, dass er auch einen berechtigten Grund für sein Gefühl hätte. Insofern bedarf es eines gesellschaftlichen Diskurses, in dem offen über Grenzfälle diskutiert werden kann.

Als ein solcher Grenzfall dürfen sogenannte »Hass-Seiten (hate pages)« gelten, von denen das Internet voll ist. Sie sind ein besonders bizarrer Teil der Popkultur. Im Mittelpunkt steht ein Popstar. Und Stars polarisieren in der Regel ihr jugendliches Publikum. Während seine Fans ihn glühend verehren, gibt es andere, die ihn überhaupt nicht ausstehen können, ihn – nicht minder glühend – hassen, zumindest gibt die Einrichtung einer Hass-Seite vor, dass es um Hass geht. In gewisser Weise sind die Antifans allerdings ebenfalls Fans, allerdings solche mit einer Ablehnungsbindung an den Star. Als Beispiel sei die Hass-Seite der jungen Sängerin »Blümchen« gewählt, die sich in der Anfangszeit ihrer Karriere, ihr Künstlername sagt es aus, als personifizierte Unschuld inszeniert hat (Neumann-Braun 2001). Auf der Hass-Seite im Internet, die ihr gilt, treiben sich überwiegend Männer herum, die ihr diese Unschuld nehmen, indem sie alle nur vorstellbaren Vergewaltigungsphantasien durchspielen und dabei einander an Grausamkeiten zu übertrumpfen suchen. Liest man die Einträge auf dieser Seite hintereinander weg, drängt sich der Eindruck auf, dass die User eine Enthemmung ihrer Phantasien proben. Ob sie den Hass auf »Blümchen«, den sie zum Ausdruck bringen, tatsächlich fühlen, lässt sich an den Texten nicht ablesen. Zu beobachten ist eine sprachliche Enthemmung, die als Einübung einer frauenfeindlichen Hass-Sprache verstanden werden kann.

Über mögliche Auswirkungen wird gestritten. Aus einer Position der Sorge heraus, erscheint diese Sprache als der unmittelbare Ausdruck einer bereits bestehenden Gewaltbereitschaft oder als Medium, das eine solche Gewaltbereitschaft unmittelbar fördert. Es ist anzunehmen, dass viele User diesen sorgenvollen Kurzschluss von Sprache, Einstellung und Handlung nicht akzeptieren. Das legen Erfahrungen von Lehrern mit verbaler Gewalt in der Schule nahe (Haubl 2006, S. 144 ff.): Gerade männliche Jugendliche verteidigen selbst eine Äußerung wie die zu einem Klassenkameraden, er gehöre »vergast«, als »Spaß«, der »nichts bedeutet«, weil sie sich dabei »nichts denken«. Dann wäre es demnach auch harmlos, wenn männliche Jugendliche und junge Männer, die man als größten Teil der User der Hass-Seite vermuten darf, »Blümchen« sprachlich vergewaltigen.

Ob in solchen Zusammenhängen Verbote weiterhelfen, ist fraglich, da sie riskieren, den Reiz der Entzivilisierung noch zu steigern. Die Inszenierung von Hass als Vergnügen bleibt wie alle Spielarten von Verharmlosung ein beunruhigender Sachverhalt, gegen den gesellschaftliche Bildungsprozesse aufgeboten werden müssen, die von den Gesellschaftsmitgliedern entschieden, aber dennoch Sinn verstehend einfordern, ihr Sprechen und Handeln zu verantworten.

Hass aus Neid

Ein altes Sprichwort besagt: »Neid und Hass wohnen im selben Fass«. Tatsächlich gehört Neid zu den häufigsten Ursachen individuellen oder kollektiven Hasses. Ausgangssituation ist die ungleiche Verteilung eines begehrten Gutes, was immer dieses Gut auch sein mag. Nichts, was nicht beneidet wird. Tatsächlich aber sind nicht für alle Menschen dieselben Güter beneidenswert. Was Menschen beneiden, lässt ihre individuellen Werte erkennen. Sie beneiden andere nicht um alle ihre Güter, sondern nur um diejenigen, die sie selbst nicht haben, obwohl sie ihnen so wichtig sind, dass sie nicht auf sie verzichten zu können glauben. Aber da Neid nicht nur individuell, sondern auch kollektiv bedingt ist, gibt es in einer sozialen Gruppe oder Gesellschaft immer auch Güter, die für alle ihre Mitglieder annähernd gleich beneidenswert sind. Diese Güter zeigen kollektive Werte an. Wer aber wertvolle Güter besitzt, ist selbst etwas wert: in den Augen der anderen wie in seinen eigenen.

Nehmen Menschen die Güter, die sie begehren, im Besitz anderer Menschen wahr, gibt es verschiedene Möglichkeiten, diese mehr oder weniger enttäuschende Ungleichverteilung zu bewältigen (Haubl 2001):

- Sie können traurig darüber sein, dass sie die Güter gegenwärtig nicht besitzen und vielleicht oder sogar sicher auch zukünftig nicht besitzen werden. Manche finden sich damit ab, anderen gelingt es nicht. Je weniger es ihnen gelingt, desto stärker erleben sie einen Mangel, der sie lähmt.
- Sie können sich stimuliert fühlen, die Güter selbst zu erwerben, weil sie glauben, dass das, was anderen Menschen gelungen ist, auch ihnen gelingen kann. Um dieses Ziel zu erreichen, strengen sie sich an. Ob sie die Güter tatsächlich erwerben, hängt davon ab, dass sie einen realistischen Weg kennen, sie zu erwerben, und sie über die Fähigkeiten und die Gelegenheiten verfügen, ihn einzuschlagen.
- Sie können es als ungerecht erleben, dass andere Menschen die Güter besitzen und darüber empört sein. Sie empören sich, weil sie den Verdacht hegen, die Ungleichverteilung der Güter, die sie benachteiligt, sei nicht durch geltende Normen der Verfah-

rens- und Verteilungsgerechtigkeit legitimiert. Stellt sich nach einer Prüfung heraus, dass diese Normen nicht verletzt worden sind, finden sie sich mit der Ungleichverteilung ab. Andernfalls setzen sie sich für eine gerechte(re) Güterverteilung ein.
- Schließlich können sie Ärger, Wut, Zorn und Hass erleben, weil nicht sie, sondern andere Menschen die Güter besitzen. Diese Gefühle kommen zum einen auf, wenn sie keinen realistischen Weg sehen, die Güter selbst zu erwerben, und sie sich vor Lähmung schützen wollen. Sie kommen zum anderen aber auch dann auf, wenn sie zwar einen realistischen Weg sehen, aber nicht bereit sind, die Anstrengungen auf sich zu nehmen, ihn einzuschlagen.

Wird die latente Feindseligkeit, die dem hasserfüllten Neid eigen ist, manifest, dann gehen neidische Menschen gewalttätig gegen ihre beneideten Mitmenschen vor. Das Repertoire ihrer feindseligschädigenden Handlungen reicht dabei von Probehandlungen, in denen sie die begehrten Güter und ihre Besitzer in der Phantasie zerstören, bis hin zu deren tatsächlicher Zerstörung. Das Zerstörungspotenzial dieser Form des Neides, die in allen Kulturen geächtet wird, hat Friedrich Nietzsche (1880/1964, S. 218 f.) in einem Aphorismus mit dem Titel »Der Weltvernichter« treffend zum Ausdruck gebracht: »Diesem [dem neidischen Menschen] gelingt etwas [in den Besitz des begehrten Gutes zu gelangen] nicht; schließlich ruft er empört aus: ›So möge doch die ganze Welt zugrunde gehen!‹ Dieses abscheuliche Gefühl ist der Gipfel des Neides, welcher folgert: weil ich etwas nicht haben kann, soll alle Welt nichts haben! soll alle Welt nichts sein!«

Mit dieser Haltung verraten neidische Menschen, wie sehr es sie kränkt, auf die begehrten Güter zu verzichten. Sie weigern sich, die Realität anzuerkennen. Lieber investieren sie ihre Kräfte in Zerstörung, statt sie konstruktiv zu nutzen, um sich eigene Befriedigungschancen zu eröffnen. Hat eine solche Haltung von Menschen auch ihre je individuellen lebensgeschichtlichen Wurzeln, trägt doch das Neidklima, das in der sozialen Gruppe vorherrscht, der sie angehören, maßgeblich zu deren Realisierung bei. So macht es einen Unterschied, ob die soziokulturellen Praktiken eher Neiddämpfung oder Neiderregung betreiben. Historisch betrachtet zeichnet sich der Modernisierungsprozess durch den Versuch aus, feindselig-schädigenden Neid in ehrgeizig-stimulierenden zu verwandeln, weil diese Transformation zu einer Pazifisierung der Gesellschaft beiträgt. Dies gelingt allerdings nur, wenn es immer größeren Bevölkerungsteilen zu einer erfolgreichen Lebensführung verhilft. Bleiben begehrte Güter dagegen in unerreichbarer Ferne, wächst die Gefahr einer Destabilisierung. Denn neidbedingter Hass lässt sich leicht politisch instrumentalisieren und für eine Diskreditierung der bestehenden sozialen Ordnung nutzen.

Im Westen steht die Realutopie einer egalitären Gesellschaft hoch im Kurs. Sie gilt als Gesellschaftstypus, der feindselig-schädigenden Neid dämpft, letztlich aber einen paradoxen Effekt erzeugt. Bereits Alexis de Tocqueville (1864/1967) vermutet, dass es gerade den Mitgliedern einer egalitären Gesellschaft schwerfällt, zu akzeptieren, dass die angestrebte Gleichheit der Chancen, an alle begehrten Güter zu gelangen, nicht auch die Gleichheit der erlangten Güter nach sich zieht. In seiner Untersuchung dieses Gesellschaftstypus kommt er Anfang des 19. Jahrhunderts zu dem Schluss, dass die Gleichheitsidee, so wünschenswert sie auch sei, doch leicht dazu führen könne, immer geringere Unterschiede in der Güterausstattung als empörend zu erleben. So gesehen nähme der Neid und mit ihm die Gefahr neidbedingten Hasses nicht zwangsläufig ab, sondern vielleicht sogar zu!

Hass bewältigen

Auch wenn Hass in evolutionärer Perspektive ein Modus emotionalen Erlebens und Handelns sein mag, der in Situationen extremer Knappheit an lebenswichtigen Ressourcen das Überleben von Menschen und ihrer Nachkommen sichert, weshalb ihm eine existenzielle Funktion zukommt (Fishbein 2003–2004), enthebt das nicht der Aufgabe, in zivilisationsgeschichtlicher Perspektive für seine Regulierung einzutreten. Vor allem für eine Unterbrechung des Kurzschlusses von Hass und Gewaltbereitschaft. Auch wenn nicht alle Gewalttaten durch Hass motiviert sind, gehört er doch zu deren wirkungsvollsten Voraussetzungen. Die Betonung liegt auf Regulierung, nicht auf Abschaffung. Denn der verständliche

Wunsch, den Hass aus der Welt zu schaffen, errichtet leicht ein derart hohes Ideal der Friedfertigkeit, das alle, die ihm folgen, am Zustand der Welt nur verzweifeln können. Insofern verlangt eine pragmatische Friedensarbeit in ihrem ersten Schritt, nicht zu verleugnen, dass Hass ein konstitutiver Bestandteil der menschlichen »Natur« ist. Ebenso Gewalt.

Greift man das evolutionstheoretische Argument auf, so müssten Hass und Gewaltbereitschaft abnehmen, wenn für alle Menschen genug lebenswichtige Ressourcen zur Verfügung stünden, wobei nicht nur materielle, sondern auch ideelle Ressourcen wie etwa Identität und Spiritualität lebenswichtig sind. Freilich ist dies bestenfalls eine notwendige und keine hinreichende Bedingung für Friedfertigkeit. Ob genug Ressourcen für alle zur Verfügung stehen, hängt immer auch von den erhobenen Ansprüchen ab und die sind eine variable subjektive Größe. Insofern geht in die Feststellung, was genug ist, immer schon die Bereitschaft ein, es genug sein zu lassen, mithin auf einen Hass erfüllten und gewalttätigen Verteilungskampf zu verzichten.

Zumindest was Gruppenhass – den Hass zwischen Mitgliedern verschiedener sozialer Gruppen aufgrund ihrer Gruppenzugehörigkeit – betrifft, gibt es ein Bündel von Faktoren, die zu seiner Erfolg versprechenden, Gewalt mindernde Regulierung beitragen (Senghaas 1994):

- ein sicheres staatliches Gewaltmonopol, das die Bürger »entwaffnet«;
- rechtsstaatliche Kontrolle dieses Gewaltmonopols, die dessen Missbrauch verhindert, indem sie den Einsatz von Gewaltmitteln an einklagbare Rechtsnormen bindet;
- demokratische Teilhabe, die keine soziale Gruppe ausschließt, ihre Interessen in fairen Verfahren zu artikulieren und mit den Interessen konkurrierender sozialer Gruppen auszugleichen;
- soziale Gerechtigkeit als permanente Anstrengung, lebenswichtige Ressourcen nach dem Leistungsprinzip zu verteilen, wobei Chancengleichheit und eine sichere Befriedigung von Grundbedürfnissen vorab gewährleistet sein muss;
- eine konstruktive Konfliktkultur, in der konkurrierende soziale Gruppen ihre Konflikte auf dem Hintergrund praktizierter Toleranz – nicht Indifferenz! – verbal austragen und sich mit dem

Ziel begnügen, praktikable Kompromisse zu finden, die sie – bis auf weiteres – einhalten.

Den einzelnen Gruppenmitgliedern verlangt ein Leben in diesem gesellschaftlichen Rahmen eine Zivilisierung ihrer Affekte ab, die in der Fähigkeit und Bereitschaft gipfelt, sich in Begegnungen oder Konfrontationen mit Mitgliedern anderer sozialer Gruppen selbst zu beherrschen. Selbstbeherrschung begünstigt friedliche Kooperationen zwischen sozialen Gruppen, die ihnen freilich lohnend erscheinen müssen, um verwirklicht zu werden.

Wenn Friedfertigkeit mehr als ein frommer Wunsch sein soll, muss sie von den Mitgliedern der verschiedenen sozialen Gruppen tagtäglich praktiziert werden. Diese Praxis verlangt eine Reihe flankierender Maßnahmen (Allbeck et al. 2002; Bar-Tal 2002; Staub u. Pearlman 2001; Pettigrew u. Tropp 2000; Ropers 1990):

– Kontakt zueinander und Nähe miteinander zu suchen, statt sich in Parallelwelten zurückzuziehen, um die Distanz zu finden, in der gemeinsame Ziele formuliert und verfolgt werden können;
– Erfahrungswissen übereinander zu erwerben, um zu erkennen, wie sich das Bild der einen sozialen Gruppe im Bild einer anderen sozialen Gruppe spiegelt, und dadurch bestehende Feindbilder zu differenzieren;
– Einfühlung ineinander zu verbessern, einschließlich die eigenen unklaren und gemischten Gefühle zu ertragen, ohne Ambivalenzen und Ambiguitäten durch vorschnelles Handeln zu beseitigen;
– Wertschätzung füreinander zu entwickeln, ohne in Über- oder Unterschätzung zu verfallen;
– Konflikte zeitnah auszutragen;
– Wiedergutmachungsmöglichkeiten zu schaffen, was Vergeben ohne Vergessen bedeutet: nicht zu verleugnen, welche Gewalt die sozialen Gruppen im Laufe ihrer gemeinsamen Geschichte einander angetan haben, aber auch an gemeinsame Errungenschaften zu erinnern.

Hass und Gewaltbereitschaft verhindern Verständigung. Das Bemühen, auch im Konfliktfalle so lange wie möglich Verständigung aufrechtzuerhalten, wirkt ihnen entgegen. Wird der Dialog abgebrochen, bestätigt dies nur das Vorurteil, mit den Anderen könne man nicht reden. Ziel aller Konfliktregulationen muss es sein, dass verfeindete soziale Gruppen früher oder später wieder an den sprichwörtlichen runden Tisch zurückfinden. Das gelingt nicht ohne den Mut, sich dem Hass – und nicht nur dem der Anderen, sondern gerade auch dem eigenen – zu stellen und trotz fortbestehender Gewaltbereitschaft wechselseitig Vertrauen zu riskieren.

Volker Caysa

Der Hass – eine große Stimmung

Denken wir über den Hass nach, dann denken wir sofort an die Kriege, die das 20. Jahrhundert kennzeichnen, wir denken sofort an die Untaten in rechten und linken Diktaturen, wir denken vor allem an den Holocaust, aber auch an die Massaker amerikanischer Soldaten in Vietnam, an die Attentate der RAF und natürlich an die Anschläge auf das World-Trade-Center am 11. September 2001 in New York.

Weil wir dies sofort mitdenken, wenn wir überhaupt über den Hass nachdenken, darum verbieten wir es uns allzu oft, das Phänomen Hass zum Gegenstand einer kulturanthropologisch-existenzialen Reflexion zu machen. Das wiederum ist bedenklich, weil es letztendlich die Verdrängung eines Phänomens bedeutet, das unseren Alltag doch wohl mindestens mitbestimmt und immer dort anwesend ist, wenn auch nicht immer im Extrem.

Der Hass ist dadurch gerade in der Philosophie nach 1945 zu einem unterproblematisierten und verdrängten Thema geworden. Man hat die extremen Auswüchse eines Phänomens vor Augen und verbietet sich deshalb mit dem moralischen Anspruch intellektueller Verantwortung die Thematisierung des Phänomens. Wer öffentlich über den Hass nachdenkt, über die mit ihm verbundenen ursprünglichen Erfahrungen, seine menschlich-allzumenschlichen Dimensionen, setzt sich immer dem Verdacht aus, zum Hass aufrufen zu wollen oder gar seine gesellschaftlichen Folgen zu verteidigen.

Dieser Verdacht wird außerdem verstärkt und genährt durch das Christentum und die mit ihm verbundene Liebesreligion. Denn mit der christlichen Liebespflicht (und dem sich ebenfalls darauf berufenden Humanismus) ist eine Dämonisierung und Tabuisierung des Hasses verbunden, was eher die Verdrängung als die Aufarbeitung dieser menschlich-allzumenschlichen Stimmung bewirkte und bei Kant zu einem kategorischen, aus der Vernunft abgeleiteten Verbot des Menschenhasses führte.

Potenziert wird diese Tabuisierung des Hasses, die vom Christentum und Humanismus ausgeht, durch den von Deutschland zu verantwortenden Holocaust, was dazu geführt hat, dass es gerade für deutsche Intellektuelle Gefühle und Affekte gibt, die zu thematisieren nicht nur inkorrekt, sondern unzulässig ist. Ein deutscher Autor sollte sich dreimal überlegen, konstruktiv über den Hass nachzudenken, wenn er nicht als Nazi verdächtigt werden will.

Sicher, die Radikalisierungen und Reduktionen des Hasses führten und führen zu Xenophobie, Massenmord und Terrorismus. Aber trotzdem muss unterschieden werden zwischen dem Hass als existenzialem Phänomen, das zu dem gehört, was menschliches Leben zu dem macht, was es ist, und das immer schon je verschieden anwesend ist, und andererseits einer Gesellschaft des Hasses, deren Reinheitswahn ganze Menschengruppen ausrotten will.

Indem man sich aber verbietet, den Hass anders als bloß moralisch destruktiv, nämlich kulturanthropologisch konstruktiv, zu analysieren, bemerkt man auch nicht, dass die Praktizierung des Hasses, dessen gesellschaftsrelevante Inszenierung im 20. Jahrhundert noch gewaltige politische und militärische Apparate erforderte, durch die Weiterentwicklung der modernen Technik individualisiert wurde und nun von einigen wenigen Individuen gesellschaftszerstörend inszeniert werden kann. Dieser Übergang bei der Umsetzung des Hasses von kollektivistischen Großstrukturen hin zu individualisierten Kleinststrukturen setzt aber de facto eine Tendenz fort, die schon den nationalsozialistischen Hassorganisationen zu Grunde lag, nämlich dass der Hass nun mit dem Technikfetischismus der Nationalsozialisten in das Zeitalter seiner technischen Reproduzierbarkeit und alltäglichen Reproduktion durch Technik eingetreten ist. Die, die heute wirklich hassen, können mit Hilfe von Hightech aller Art hassen.

Der Hass – ein Existenzial

Der Hass erscheint zunächst als eine Verarmung im Sinne einer Reduktion der Problemfülle durch Polarisierung und Verblendung, aber gerade dadurch bilden seine dämonischen Kräfte jenes Illusionspotenzial und jene Wahnvorstellungen, die die wahrgenommene Dekadenz aufheben könnten. Der Hass wirkt durch die ihm eigene Problemreduktion als eine Zentrierung durch Polarisierung, auf dessen Basis die einheitliche Ausrichtung verschiedenster Interessen, die sich jedoch in dem Hass des Einen vergessen, möglich wird. Von daher konnte der Hass im 20. Jahrhundert nicht nur Mittel, das sich technisch hochrüstete, sondern Daseinsgrund der Revolutionen von rechts wie von links werden.

Dass der Hass »Daseinsgrund einer mächtigen Volksbewegung« (Mann 1983, S. 49) werden konnte, ist eben nicht einem willkürlichen Einfall Hitlers zu verdanken, sondern liegt darin begründet, dass der Hass eine Daseinsstimmung ist. Diese Stimmung, die aus unserem Dasein empraktisch erwächst, bestimmt unser Dasein mit. Insofern wird die Daseinsstimmung eine Daseinsbestimmung, die unser Dasein mitbegründet und damit alle anderen unserer Seinsverhältnisse formiert. Der Hass als Daseinsstimmung, Daseinsbestimmung und Daseinsgrund ist folglich ein Existenzial. Existenziale sind Grundweisen, wie der Mensch »da« ist und die dieses Da-Sein konstituieren. Insofern Existenziale unser Dasein zu dem machen, was es ist, ist der Hass eine *conditio humana*.

Existenziale sind Ausgestaltungen des ihnen zugrundeliegenden Willens zum Leben, den Nietzsche den Willen zur Macht nennt, und sie bewegen sich als solche Stimmungsdispositionen im Spannungsfeld von plötzlicher Affektivität und andauernder Leidenschaft, die zugleich das allgemeine menschliche Potenzial sind, durch das unser Dasein bestimmt wird.

Existenziale als Affekte sind durch Plötzlichkeit und Augenblicklichkeit der Lust beziehungsweise Unlust gekennzeichnet. Der Affekt im strengen Sinne überfällt, überwältigt, vergewaltigt. Affekte sind kurzzeitig hereinbrechende Stimmungen. Existenziale als Gefühle sind dagegen durch anhaltende Lust und Unlust bestimmt; sie sind lang anhaltende Stimmungen und in diesem Sinne echte Leidenschaften.

Sind Affekte unvorsätzlich, so sind verstetigte Gefühle durch Vorsatz und Überlegung vermittelt. Entsprechend dieser Differenzierung von hereinbrechenden und anhaltenden Stimmungen könnte man »heiße« und »kalte« Existenzialformen unterscheiden, in denen der Hass erscheint. Affekte stimmen mich auf Gefühle ein. Wenn das affektive Gefühl verstetigt ist, dann wird aus der Einstimmung ein andauerndes Bestimmtsein, ein andauerndes Gestimmtsein, das eben kein kurzzeitiges, zufälliges, affektives Gestimmtsein, keine Laune ist. Das Bestimmtsein durch Gestimmtsein erzeugt dann die Bereitschaft zu handeln.

Im Alltag werden Affekte, Leidenschaften und Gefühle miteinander identifiziert. Dieser Entdifferenzierung wird hier widersprochen: Affekte sind plötzlich hereinbrechende Gefühle, und Leidenschaften sind verstetigte Gefühle. Beide können je unterschiedlich zu Grund- und Leitstimmungen werden und bewegen sich im Spannungsfeld von Geworfenheit und Entwurf, wobei allerdings auf der Seite des Affekts die Geworfenheit und auf der Seite der Leidenschaft der Entwurf zu dominieren scheint.

Dieses Erscheinungsbild von Affekt und Leidenschaft wird noch dadurch verkompliziert und überlagert, dass im alltäglichen Lebensvollzug Affekt und Leidenschaft als nichtalltägliche und alltägliche Gestimmtheit erscheinen, was dazu führt, dass man Affekt und Gefühl wie Ereignis und Erlebnis gegeneinanderstellt. Ein Affekt fällt uns an und macht blind. »Dieser Anfall ist plötzlich und stürmisch; es regt sich unser Wesen in der Weise der Erregung. Er regt uns auf, d.h. hebt uns über uns selbst hinweg, aber so, dass wir im Anfall der Erregung unserer nicht mehr Herr sind« (Heidegger 1985, S. 53).

Heidegger formuliert es so: Im Affekt ist man nicht mehr Herr seiner selbst, es ist ein Anfall, der einen befällt, überfällt, durch den man nicht »recht beieinander« ist: »Im Anfall der Aufregung verschwindet das rechte Beieinander und verwandelt sich in ein Auseinander« (Heidegger 1985, S. 53) – jemand ist vor Wut oder Zorn oder Freude außer sich. Dem Affekt im engeren Sinn, der als »der blind aufregende Anfall« anzusehen ist, steht die Leidenschaft als »der hellsichtig sammelnde Ausgriff in das Seiende«, das Gefühl im engeren Sinn gegenüber (Heidegger 1985, S. 57).

Sind wir im Affekt nicht mehr Herr über uns, so trifft dies in der Leidenschaft jedoch zu. Das liegt daran, dass uns der hellsichtige Ausgriff in der Leidenschaft nicht einfach plötzlich, scheinbar unbeherrschbar über uns hinweghebt, uns selbst hinwegfegt, sondern dass die Leidenschaft uns dazu führt, »unser Wesen auf seinen eigentlichen Grund« zu sammeln: »Sie öffnet diesen erst in dieser Sammlung, so dass die Leidenschaft jenes ist, wodurch und worin wir in uns selbst Fuß fassen und des Seienden um uns und in uns hellsichtig mächtig werden« (Heidegger 1985, S. 56). Aber eine Leidenschaft dauert nicht nur länger als ein Affekt, »sondern bringt erst wahre Dauer und Beständigkeit in unser Dasein, ein Affekt dagegen vermag solches nicht« (Heidegger 1985, S. 57).

Die Leidenschaft kann nun selbst wiederum mit Affekten und anderen »stärkeren Stimmungen« verbunden sein, so dass der Strom der starken Stimmungen einen Strom der Erinnerungen erzeugt und nährt. Denn: »Alle stärkeren Stimmungen bringen ein Miterklingen verwandter Empfindungen und Stimmungen mit sich; sie wühlen gleichsam das Gedächtnis auf. Es erinnert sich bei ihnen Etwas in uns und wird sich ähnlicher Zustände und deren Herkunft bewusst« (Nietzsche 1980, Band 2, S. 35).

Begrenzter und entgrenzter Hass

Wie aber der Hass als Stimmung sowohl als Gefühl wie auch als Affekt im engeren Sinn auftreten kann, so kann auch der Hass in seinen gemäßigten und unmäßigen, in seinen begrenzten und unbegrenzten Ausprägungen unterschieden werden, die beide wiederum je unterschiedlich als Gefühl und Affekt erscheinen können.

Der gemäßigte Hass ist relativ und begrenzt. Er begegnet uns alltäglich und ist mit Ärger, Wut und Zorn als Formen des bedingten Hasses verbunden. »Unter normalen Verhältnissen begegnet ein Zivilisierter bei seinesgleichen nur einem gemäßigten, sehr relativen Haß, und auch er selbst, mit allem was er vom Leben weiß, fühlt sich nur schwer imstande, zu hassen ohne Vorbehalt und Hemmung. Man hat wohl Feinde und ist sich darüber klar, kann aber nicht glauben, daß sie zu allem fähig sind. Die Freunde wären es doch auch nicht. Diese wie jene sind genau wie du, denn auch du liebst oder haßt sie nur bis hierher und nicht weiter. Dann dringt der Skeptizismus wieder durch, und das ist zu begrüßen für dein leibliches wie auch für dein geistiges Wohl. Ein überspannter Haß wäre dir nicht gesund. Außerdem wäre er unwürdig deiner Intelligenz. Du vergleichst den Feind mit dem Freund und stellst fest, daß schließlich beide Menschen sind« (Mann 1983, S. 52)

So ist es auch erklärbar, warum der durchschnittliche Antisemitismus in Mitteleuropa von 1870 bis 1925, auch wenn er uns heute als untolerierbar erscheint, von der Mehrheit der Juden zwar nicht als ungefährlich, aber zumindest als normal wahrgenommen wurde – er war zwar ständig anwesend, aber hielt sich doch in Grenzen. Und es gehört ja tatsächlich zur Normalität einer modernen Gesellschaft, »dass das Verhältnis von ethnischen und religiösen Gruppen zueinander erst dann als normal betrachtet werden kann, wenn es jedem ohne Nachteil möglich ist, andere Gruppen nicht besonders zu mögen, ohne dass sich damit irgendwelche mörderischen, menschenrechtswidrigen oder bürgerrechtswidrigen Assoziationen verbinden« (Spaemann 2001, S. 185).

Dem gehemmten, zivilisierten Hass begegnen wir alltäglich in Verbindung mit anderen Gefühlen und Affekten von Abneigung, die wir oft mit dem Hass auch sprachlich verwechseln – wie Ärger, Wut, Zorn oder indem wir jemanden einfach nur als unsympathisch wahrnehmen.

Dem durchschnittlichen, in der Regel begrenzten Hass steht nun ein dionysisch entgrenzter Hass entgegen, nämlich ein unbegrenzter, unmäßiger und maßloser Hass, der aus der Wut eine unbedingte Macht macht. Absoluter Hass ist außerordentlich, jenseits der herrschenden Ordnungsregeln.

Der absolute, dionysisch-barbarische Hass tritt vor allem auf, wenn sich Krisensituationen zuspitzen und wenn Individuen massenhaft die Erfahrung machen mussten, dass ihre Probleme nicht mit den vorgegebenen Mitteln lösbar sind, dass Gerechtigkeit nur eine Phrase ist. Betrogen und belogen, werden Menschen zum Hass erzogen.

Gerade weil man eine Würde hat, muss man dann hassen. Die Enttäuschung darüber, dass die Vorstellungen von einem menschlichen Leben nicht einlösbar sind, dass das Leben nicht in Würde lebbar ist, macht anfällig für die Idee, dass das einzige würdevolle Leben noch die Selbsthingabe an den Hass ist. Der Hass wird absolut, er entgrenzt sich zum Selbstopfer hin, und er zielt nicht nur auf die Tötung des Hassobjektes, des Feindes, sondern nimmt auch den eigenen Tod als Mittel zum Zweck in Kauf. Der Hass ist dann weder durch Furcht noch durch Eigennutz zu hemmen, sondern er bedeutet Überwindung der Angst und des Egoismus.

Hass wird absolut und beherrscht die Stimmung von Individuen oder Gemeinschaften, wenn man glaubt, alles hinter sich zu haben, alles verloren zu haben, und wenn man keinen positiven Ausweg mehr sieht, so dass man nichts zu verlieren hat und man durch den eigenen Tod nur noch gewinnen kann.

Der Hass wird und macht erhaben, wenn man endlich den Feind, von dem man glaubt, dass er an allem schuld sei, der einem die Würde genommen hat, angreift mit dem Zweck, ihn zu vernichten, um die eigene Existenzbedrohung abzuwenden und dem Leben wieder einen Sinn zu geben in der allgemeinen Sinnlosigkeit, um wieder in Würde zu leben. Wenn aller Sinn zerstört ist, scheint nur noch eines sinnvoll: zu hassen. Und in der mit dem Hass verbundenen Feindseligkeit stiftet sich negativ ein neuer Sinn, der auf einem totalen Nihilismus zu beruhen scheint.

Gründe der Hassentgrenzung

Mindestens vier mögliche Gründe gibt es, warum man sich dem unbegrenzten Hass ergibt.

Erstens: Man ist noch gar nicht zivilisiert und war folglich, wie Heinrich Mann formuliert, noch »nicht vorgeschritten bis zur menschlichen Einsicht und zum Zweifel« (Mann 1983, S. 52).

Zweitens: Man verbindet mit dem Hass Rausch- und Ekstaseerlebnisse. Das erklärt nicht nur die Lust an der Gewalt, die der Hass frei setzt, sondern auch die Praktizierung bestimmter Sex- und Sporttechniken (Stoller 1998; Hurni u. Stoll 1999; Caysa 1997), die eindeutig Hasspraktiken sind, die aber durch ihre Technologisierung in relativen, zeitlich-räumlich begrenzten Hass überführt werden, während der unbegrenzte Hass sich zeitlich und räumlich totalisieren will.

Sich dem Hass völlig hinzugeben, muss aber nicht allein darin begründet sein, das man ein Barbar ist, weil man noch nicht zivilisiert wurde, sondern kann drittens auch darin begründet sein, dass man absichtlich die Zivilisiertheit wieder verlassen will. Hier haben wir es nicht mit einem noch nicht zivilisierten Barbaren zu tun, sondern mit einem rebarbarisierten Zivilisierten. Es ist die Gestalt des abtrünnigen Zivilisierten, der sich Gewalt antun muss, »um wieder Barbar zu werden«, und von dem man annehmen kann, dass er »im Haß mindestens so weit gehen wird« wie die unzivilisierte Naturbestie, »denn er muß sich selbst erst beweisen, daß er eine Bestie ist« (Mann 1983, S. 52 f.).

Wer die Effekte des Hassens selbstbewusst, rational-organisiert zu propagieren vermag, wer sich bewusst im Sinne dieses Hasses aus der geltenden Moral und Gesittung herausnimmt, der ist eine intellektuelle Bestie, die in ihrer Affektivität und instinktiven Negativität, durch ihren Populismus, Zynismus und Antiintellektualismus, durch die Ströme von Hass, die von ihrem Siegerlächeln ausgehen, aber auch durch die instinktive Genialität, darin böse zu sein, durch die Gabe, alle Bedenken hinsichtlich der Wahl der Mittel vom Tisch zu fegen, um Wirkung zu erzwingen, unwiderstehlich fasziniert. Dadurch kann ein »Aufstieg der Barbaren« beginnen (Mann 1983, S. 54).

Dieser Hasstyp ist nicht ohne die Verknüpfung von Massenverführung und Sex möglich: »Massen aber verführt man durch das Geschlecht« (vgl. Mann 1983, S. 66). Hochorganisierte Hassrationalität und politisierte Erotik müssen sich ergänzen, sollen Massen verführt werden. Goebbels und Hitler waren daher, insofern sie beide eine Seite dieses Verhältnisses personifizierten, ein Team. Während der »verkrachte junge Literat« seinen Hass hochrational propagierte, bezauberte der »verfehlte Künstler« und arbeitsunwillige Genießer durch seine politische Erotik: »Gleich einer Straßenvenus bekam er seine ganze Schönheit erst am Rande des Mordes und mit Schaum vor dem Mund. Dann keuchten die Massen unter seinem überwältigenden Ansturm, und rückhaltlos ergaben sie sich diesem fürchterlichen sex-appeal« (Mann 1983, S. 67).

Hitler scheint das klassische Beispiel für den Effekt der Ästhetik des Hasses zu sein, dass Hass nicht immer hässlich erscheint. Zweifelsohne handelt er »hässlich«, böse, aber er ist nicht immer hässlich. Hass macht also nicht nur das Gehasste hässlich, Hass macht nicht nur den Hassenden hässlich, sondern er kann auch die Schönheit der Erhabenheit erscheinen lassen und die Heiligkeit des Bösen erzeugen. Hass macht zwar den Gehassten hässlich und klein, aber den Hassenden kann er, mindestens für Augenblicke, schön, erhaben, groß machen.

Wenn der Hass spricht, dann wird es obszön. Die Sprache wird entsichert, haltlos, unbeherrscht, um den anderen in seiner Existenz in Frage zu stellen, weil er kein Mensch, sondern ein Tier, ein Untier, ein Ungeheuer, Ungeziefer ist. Schamlos instrumentalisierte Hitler folglich Leidenschaften der Menschen, für die man sich normalerweise schämt, und er verband diese Schamlosigkeiten mit einem an Klamauk grenzenden Pathos des Endlich-Ernst-Machens.

Kein Wunder, dass dieses Ernsthaftigkeitsstreben, dass diese Art von Konsequentialismus keinen Spaß gelten lässt, kein Lachen kennt, sondern dass die vermeintliche Wahrheit so ernst genommen wird, dass es nicht nur für manchen, sondern für ganze Menschengruppen todernst wird. Ironie gerät dem Hassenden zum Zynismus, und so gönnt er sich, wenn er in der Kunst der Massenverführung genug geübt ist, mit seiner Meute ein verhöhnendes Siegerlächeln und manchmal ein schadenfrohes Grinsen. Mit dem unbefangenen Lachen, das Offenheit und Vertrauen bedeutet, ist es jedenfalls vorbei, und deshalb muss das Lächeln als Maske trainiert werden. Gegen die hinter dieser Maske sich verbergende gewaltige und vor allem auch gewalttätige Ernsthaftigkeit hilft sicher die Persiflage – davon müssen konzeptionell sowohl Charlie Chaplin als auch Bertolt Brecht ausgegangen sein. Zugleich ist aber zu bedenken, dass gegen einen solchen Hass nur eines hilft, nämlich die Katharsis, die er selbst provoziert. Wird der Hass maßlos, fällt er auf den Hasser zurück, und er wendet sich zuletzt gegen die Hassenden, die Opfer ihres eigenen Hasses werden und sich dadurch selbst zerstören.

Die Logik des Hasses ist nicht ohne die Logik der Lust zu verstehen, und diese erklärt, warum der Hass zur Sucht tendiert, immer auch mit Gier verbunden ist und warum er insbesondere nach Gewalt giert, deren Herrschaft alles niederreißt und sich am Schluss negiert. Denn wird der Hass völlig maßlos, dann fehlen das »Maß und die Voraussicht«, die geboten sind, »wenn eine endlich erlangte Stellung zu etwas dienen soll« (vgl. Mann 1983, S. 57, S. 84).

Der absolute Hass ermöglicht also nicht nur Selbstbestimmung durch klare Freund-Feind-Verhältnisse, er führt nicht nur zur Selbstvergewisserung, sondern er kann auch zum Selbstverlust führen. Die Gier des Hasses frisst den auf, der hasst. Im absoluten Hass findet und verliert sich der Hassende.

Der Gefahr der Selbstzerstörung durch einen maßlosen, ungehemmten Hass begegnet nun der leidenschaftliche, aber auch hochrational reflektierte und organisierte Hass. Er ist barbarisch klug und erst recht gemein, insofern die Bosheiten, der Terror, die Grausamkeiten überlegt sind; er ist eine Gemeinheit, insofern die Hinterhältigkeit, mit der er arbeitet, selbstbewusste Taktik ist, insofern die Feigheit, die sich im Hinterhalt verbirgt, nur für noch ganz andere Gemeinheiten steht. »Indessen«, sagt Heinrich Mann, »muß man verflucht gescheit sein, um richtig falsch sein zu können« (1983, S. 117).

Wer hasst, der kommt also nicht nur kriegerisch daher. Seine Kriegserklärungen lassen sich viel besser als Liebeserklärungen frei nach dem Motto verwirklichen: »Ihr entgeht meiner unendlichen Liebe und Fürsorge nicht!« Um sich dem unbegrenzten Hass hinzugeben, muss man allerdings allerhand hinter sich gelassen haben. Das gilt auch für die vierte Möglichkeit, sich dem maßlosen Hassen zu ergeben. Der Hass beginnt auch dann ein Individuum zu beherrschen und sich zu entgrenzen, wenn ihm ein elementares Recht, wenn ihm Gerechtigkeit verweigert wird und es selbst verabsolutierte Wahrheits- und Gerechtigkeitsvorstellungen hat.

In der Gestalt des Michael Kohlhaas hat Kleist dargestellt, dass das zunächst gewaltfreie Ansinnen, »nur« das wiederzubekommen, was einem nach geltendem Recht zusteht, zu einer terroristischen Rebellion werden kann, weil der Gerechtigkeitssinn des Einzelnen grundlegend erschüttert wurde. Kohlhaas wird eine Zeit lang zu einem Rasenden, zu einem verletzten Tier, weil seine berechtigten und für ihn universell gültigen Maßstäbe von Recht und Unrecht, Gut und Böse durch die aus Herrschaft legitimierte Willkür Einzelner außer Kraft gesetzt wurden. Aufgrund seines moralischen Rigorismus kommt es bei ihm zu einer Ausschweifung der Gewalt aus Tugend, die darin besteht, den Schmerz am verletzten Rechtsgefühl durch die Lust an der Gewalt zu kompensieren. Kohlhaas aber wird nicht nur darin selig, dass er die, die geltendes Recht verletzen, verfolgt. Sein Hass legitimiert sich für ihn durch das Gewaltrecht des Guten und Gerechten und er wird in seinen Augen nobilitiert, durch die Verfolgung durch die Ungerechten und durch die Opfer, die er für seinen Gerechtigkeitsfeldzug erbringen muss.

Der also beginnt zu hassen, der nicht hat oder haben kann, was ihm seiner Auffassung nach rechtmäßig zusteht. Aus dem Gefühl erlittenen Unrechts erwächst allzu oft ein moralischer Rigorismus, der – wie es Michael Kohlhaas' Schicksal bei Kleist vorführt – in Gewalttätigkeit und Terrorismus enden kann, wenn die Überzeugung zerstört ist, dass man sein Recht mit legitimen Mitteln bekommen kann. Dieser moralische Rigorismus wird aber nur auf der Basis möglich, dass jemand für sich meint zu wissen, was Recht und Unrecht, was absolut wahr und was absolut falsch ist. Hass setzt daher nicht nur verabsolutierte Maßstäbe von Recht und Unrecht, sondern auch von Wahrheit voraus, die so fixiert werden, dass jede Relativierung dieser Maßstäbe als Angriff verstanden wird. Wer hasst, der liebt seine Wahrheit so, dass keine Relativierung derselben möglich ist.

Mit einem verabsolutierten Wahrheitswillen verbinden sich allzu oft Überlegenheits- und Herrschaftsstreben, fanatische Kampfeslust, Wollust an der unsachlichen Polemik, wie sie im rhetorischen Zornesausbruch zum Ausdruck kommt, aber auch gnadenloszwanghafter Wille zur Sachlichkeit, Zerstörungslust und Quälsucht, verabsolutierte Geltungsansprüche und Ausschließungsrituale. Die vermeintliche Wahrhaftigkeit dient diesen Hassstrategien dabei als Legitimation. Wahrheitsstreben kann dann zu einer Art Wahrhaftigkeitsterror werden, dessen Ressentiment auf Scheinselbstverständlichkeiten beruht (Jaspers 1948, S. 113).

Passiver und aktiver Hass

Permanente Misserfolge, ständige Benachteiligungen und Kränkungen provozieren nicht nur Neid, sondern dieser schlägt um in eine Rachsucht, die aus einem relativen, gemäßigten, immer auch etwas trägen und gelassenen und in diesem Sinne passiven Hass, der sich sozial steuern und kanalisieren lässt, einen aggressiven, aktiven, nachhaltigen Hass werden lässt, der alles das, woran er glaubt zu leiden, von dem er annimmt, dass es ihn behindert und unterdrückt, so zerstören will, dass es nie wieder auferstehen kann.

Erlittene Kränkungen können krank machen, aber sie können auch das aktive Hassen lehren und dadurch zur Gesundung beitragen. Dies hat nicht nur schlechthin eine Enttäuschung zur Voraussetzung, sondern bringt auch den mit der Enttäuschung verbundenen Effekt, dass, oftmals zeitlich verzögert, eine Identifikation mit dem ehemals Gehassten entsteht: Man lernt, das, was einem früher einmal passiv widerfahren ist und das man hasste, später anderen aktiv anzutun. Dieser aktive Hass, der aus früher erlittenen Kränkungen hervorgeht und der später zur Aktivität treibt, wird dann von dem, der aktiv hasst, nicht als Krankheit, sondern als Stärke der Jugendlichkeit, als Wille zur Selbstbehauptung, als Quelle der Selbstmächtigkeit, als Revitalisierung, als verjüngende Kraft empfunden. Der Hass gehört zur »großen Gesundheit« von Individuen und Gemeinschaften. Insofern ist er gewissermaßen gefühlsökonomisch berechtigt.

Wie diese nachvollziehbare Entstehung umschlägt in Unfassbares, kann man studieren, wenn man die nationalsozialistische Bewegung als eine Hassbewegung, als eine tödlich ernst gemeinte Protestbewegung analysiert. Sie war mit einem jugendlichen Gemeinschaftskult verbunden, der eine »gesunde« Gemeinschaftlichkeit versprach, sich gegen eine »perverse«, »kranke« Vergesellschaftung wandte und die »Sehnsucht nach Kultur« (Nietzsche 1980, Band 1, S. 383) instrumentalisierte.

Dieser mit dem Hass verbundene Kultus der Jugendlichkeit, der Gesundheit und Stärke fasziniert nach wie vor, weil er Ausdruck des Nonkonformismus, der Rebellion gegen das Übliche, Normale, Zivilisierte, Bürgerliche oder aber gegen die als dekadent empfundene westliche Welt ist. Denn die bürgerliche Zivilisation mit der ihr eigenen rationalen, händlerischen, kommerziellen und individualistischen Gesinnung tendiert zu einer Entsolidarisierung, Entheroisierung und Verharmlosung des Lebens. In einer solchen Gesellschaft scheint es an Leidenschaften, Abenteuern, Helden, scheint es an Adel, Größe und Mythen zu fehlen. Gerade dieser Mangel schafft das Bedürfnis nach heroischer Gemeinschaftlichkeit und gewalttätigen Mutproben, die sich des Hasses bedienen, um in der Langeweile, Leere und Tristesse einer Wohlstandsgesellschaft oder in der anhaltenden Hoffnungslosigkeit eines unentwickelten Landes einen gemeinschaftlichen Sinn zu finden.

Hassausbrüche müssen in diesem Zusammenhang auch als Protest gegen die Zivilisierungsideologie der Moderne verstanden werden, durch die die Verlierer der Modernisierung nach den Regeln der Herrschenden und in deren Interesse domestiziert werden. So erscheint manchem die Aufforderung zur Zivilisiertheit und dazu, ein guter Verlierer zu sein, als bloße Parole der Sieger, um die Verlierer zu befrieden, um sie einfrieden zu können, um den Unterlegenen die Einpassung in vorhandene Ordnungsstrukturen moralisch annehmbar zu verkaufen und um die eigene Vorherrschaft sichern zu können und den Widerstand der Mehrheit zu brechen.

Hass als Kalkül

Relativer, begrenzter wie entgrenzter absoluter Hass bewegen sich nach je unterschiedlichen Maßverhältnissen nicht nur im Spannungsfeld von Affektivität und Emotionalität, impliziter und expliziter Reflexion, sondern auch von Selbsterhaltung und Selbststeigerung. Die Dominanzverhältnisse sind in diesen Spannungsfeldern nicht unumkehrbar verteilt. Man kann dem relativen Hass nicht einfach die Bestimmungen Emotionalität, implizite Reflexion und Selbsterhaltung zuordnen und dem absoluten Hass nicht einfach Affektivität, explizite Reflexion und Selbststeigerung, sondern alle Bestimmungen sind unter unterschiedlichen Bedingungen je unterschiedlich in allen Formen des Hasses anzutreffen.

Gerade bei hochrationalem, klugem Hass zeigt sich, dass sich die Ökonomie des Hass-Haushaltes im Spannungsfeld von Selbsterhaltung und Selbststeigerung, von Regeleinhaltung und Regelbruch, von Zivilisiertheit und Barbarei, von gehemmtem Affekt und unmittelbarer Affektrealisation bewegt, die sich gegenseitig mäßigen müssen, soll das Hassen gelingen und gekonnt sein.

Der Hass als Stimmung ist nicht nur als Affekt im strengen Sinne bestimmt, er ist nicht nur ein Wutanfall oder Jähzorn als Zornausbruch, sondern er ist eine strategische, eine lang anhaltende, andauernde Leidenschaft, ein Gefühl im starken Sinne, das den plötzlichen Ausbruch, den Augenblick überdauert, transzendiert. Als solch strategische Gestimmtheit wirkt er wie eine innere Glut, die so lange am Leben erhält, solange noch etwas zu tun ist, solange die Ehre nicht wiederhergestellt wurde, solange die Rache noch nicht gelang, solange die Würde verletzt ist, solange der Feind noch lebt.

Diese strategische Gestimmtheit ruft auf zum Durchhalten, zum Ausharren, zum Wartenkönnen und deshalb auch zur Selbstbeherrschung, zur Zivilisiertheit, zu einer hohen Rationalität im Handeln, um zum richtigen Zeitpunkt das Ziel, die Wiederherstellung der Würde durch den Tod des Feindes, sei dieser nun physisch, psychisch, symbolisch oder moralisch, zu realisieren.

Echter Hass muss also weder primitiv noch vorzivilisatorisch, noch unbeherrscht und irrational sein, sondern er kann vielmehr sublim, beherrscht, edel, zivilisiert, berechnend, klug und vernünftig auftreten. Weil der Hass also zum Kalkül werden kann, ist er auch nicht etwas Unverfügliches, Unteilbares, sondern verfüglich, aufschiebbar und aufteilbar – jedes Moment dieser Stimmung wird zum richtigen Zeitpunkt am ihm entsprechenden Objekt realisiert. Die Aufführung des Gesamtkunstwerkes Hass wäre verdorben, wenn zum falschen Zeitpunkt die falschen Objekte vernichtet werden.

Der Hass wirkt als Stimulans zur Vervollkommnung des eigenen Könnens; man muss dies und das noch lernen, um es »den Anderen zeigen« zu können, man muss das und das können, um »seine Hausaufgaben« erledigen zu können. Als strategische Stimmung ist der Hass also nicht einfach ein Empörungsaffekt, ein plötzlicher Affektdurchbruch, ein kurzzeitiger, sehr intensiver und eventuell sehr gewalttätiger Wutanfall, sondern er ist ein lange anhaltendes Gefühl, das die vorhandene Affektivität unter Kontrolle zu halten vermag, was einschließt, die immer vorhandene Affektivität zum richtigen Zeitpunkt frei zu lassen, um sie zur augenblicklichen Hassrealisierung zu nutzen, um sich dann wieder zurückzuziehen in die Ruhe des Grundgefühls und auf den nächsten Hassausbruch zu warten.

Hochrationaler Hass ist also ein Können, das gelernt werden muss. Insofern der Mensch durch dieses Können Macht über sich und über andere erfährt, ist es von dem Genuss der Lust getragen, den anderen leiden zu sehen, am anderen zu sehen, wie er die Selbstbeherrschung verliert, wie er in Panik gerät, wie er verzweifelt, wie er sich selbst in den Tod stürzt. Und auch dieser Genuss unterliegt dem Gesetz der Luststeigerung durch Protrahierbarkeit. Bald wird die Hassmaschinerie beschleunigt, bald verlangsamt. Entschleunigung und Beschleunigung verunsichern das Hassobjekt und steigern die Macht des Hassenden noch mehr, was ihm wiederum Genuss bereitet.

Was ein absoluter und hochrationaler Hass ist, hat Heinrich von Kleist in der »Hermannschlacht« beschrieben (zur Rezeptionsgeschichte: Wiegels u. Woesler 1993). Hermann verteidigt seine Herrschaft, die er – bei Kleist – nicht zu unrecht mit der Freiheit seines Volkes gleichsetzt, gegen das feindselige Fremde. In diesem Kampf hält er alles für erlaubt. Der Hassende glaubt sich im Gewaltrecht des Guten, das sein Bösesein legitimiert. Er hasst die Fremden, aber nicht blindwütend und zügellos, sondern mit rational organisierter, kontrollierter Gewalt, wozu gehört, bewusst und gezielt Empörungsaffekte wie Wut und Zorn zur Hasserzeugung einzusetzen. Einer hoch organisierten und konzentrierten, nicht einer dionysisch-gewaltsamen Selbstdurchsetzung redet sein Hass das Wort. Eine Kultur der Barbaren besiegt eine Hochkultur, gerade weil sie sich nicht an die Regeln der herrschenden Hochkultur hält und weil sie sich eigene Regeln des Kampfes schafft. Der Barbar besiegt derart den kultivierten Römer, und dadurch beginnt eine neue Etappe in der Weltgeschichte, eine Zeitkehre hat sich ereignet.

Hermanns affektgeladener, als strategisches Gefühl aber verstetigter, hochrationaler, konzentrierter und sublimierter Hass steht gegen die Temperamentlosigkeit und Bestimmungslosigkeit einer sich entmythologisierenden Moderne. Hass macht – in Kleists Perspektive – erst den Hermann so weitsichtig, hellhörig, schlau, verschlagen; Hass lehrt ihn, seine Kräfte zu konzentrieren und zugleich mit anderen sich zu verbünden; Hass setzt ungeahnte, freilich mörderische Kräfte frei, Hass muss nicht blind machen, das macht er nur in seinen affektiven Ausprägungen wie dem Wutanfall und Jähzorn, sondern er macht auch die Extreme als Tendenzen klar sehend (dagegen Scheler 1923, S. 155 ff.).

Weil der Hass als Leidenschaft, als Gefühl uns im Gegensatz zum Zorn »im ganzen Wesen viel ursprünglicher durchzieht, hält er uns auch gerade zusammen, erbringt in unser Wesen, entsprechend wie die Liebe, eine ursprüngliche Geschlossenheit und einen dauernden Bestand, während der Zorn, so wie er uns anfällt, alsbald auch wieder abfällt, ›verraucht‹, wie wir sagen. Ein Haß verraucht nicht nach einem Ausbruch, sondern wächst und versteift sich, frißt sich ein und verzehrt unser Wesen. Aber diese beständige Geschlossenheit, die durch den Haß in das menschliche Dasein kommt, schließt es nicht ab, macht es nicht blind, sondern sehend und überlegt. Der Zornige verliert die Besinnung, der Hassende steigert die Besinnung und Überlegung bis in die ausgekochte Bosheit. Der Haß ist nie blind, sondern hellsichtig, nur der Zorn (Affekt) ist blind, flüchtig und anfällig, ein Affekt, keine Leidenschaft. Zu dieser gehört das weit Ausgreifende, sich Öffnende, auch im Haß geschieht dies, in dem er das Gehaßte ständig und überallhin verfolgt« (Heidegger 1985, S. 56).

Der Hass kann eine das Zentrum des Anderen treffende und unser eigenes Handeln konzentrierende Einsicht hervorbringen; er ermöglicht es, einen Prozess in seinen notwendigen Polarisierungen zu erkennen. Wer echt hasst, der beobachtet sein Gegenüber überscharf; er will den Anderen als Gefahr durchschauen, er will ihn desillusionieren, er will das Verborgene, das Hinterhältige des vermeintlich noch friedfertigen Gegenübers entlarven, um die Gefahr zu beseitigen, zu vernichten und selbst dadurch nicht nur zu über-, sondern aufzuleben. Der klug Hassende ist demzufolge nicht ein blind Tötender, sondern ein durchblickender, listiger Aufklärer, der mit detektivischem Spürsinn den entscheidenden Schwächen und Stärken seines Gegenübers auf der Spur ist, der aber unter Umständen auch harmlose Zeichen missdeutet.

Im aufgeklärten und aufklärenden Hass werden Wut und Zorn nicht nur konserviert und verstetigt, sie werden zum strategischen Projekt (Sloterdijk 2006, S. 90 f., S. 95).[1] Das aber erfordert, ihn nicht nur gezielt mit Wut und Zorn immer wieder affektiv zu beleben, sondern Zorn und Wut dadurch selbst als List zu benutzen. Bei Kleist siegt Hermann nicht allein durch Wut und Zorn, sondern durch deren Verbindung mit der List.

Wer klug hasst, der hat die Kraft der extremen Differenzierung, der differenziert seine Gegner per Polarisierung zu Tode, der handelt entschieden und setzt sich taktisch klug ein für das, was er will. Der echt Hassende geht analytisch vor und zerlegt seinen Gegner ohne Mitleid. Nur wer in diesem Sinne im großen Stile zu hassen vermag, wird den Gedemütigten und Erniedrigten es ermöglichen können, zuerst sich durch das Ethos des Hasses sich in sich selbst aufzurichten und dann auch gegen die Feinde des eigenen Lebens aufzustehen.

Der Hass also entstellt, erniedrigt nicht nur, sondern erhebt auch. Der Hass kann den Gedemütigten aufrichten, er kann den Erniedrigten lehren, sich selbst zu erheben. Hass ist ein Vitalwert, der durch scharfsinnigen Durchblick ein Über-Leben ermöglicht. Gerade deshalb ist es unter Umständen gut und notwendig zu hassen. Mit der Erkenntnisform dieser Stimmung sind nicht nur Unterscheidungen in Form von Trennungen und Polarisierungen verbunden, sondern diese sind zugleich Existenziale des Sich-Absetzens, des Sich-Abgrenzens vom Anderen, der Selbstbestimmung durch Abtrennung und Ausschließen des Anderen.

Hass gewinnt also subjektiven Sinn durch seine innere Tendenz, dem Gesetz des Handelns in absoluter Negativität gerecht werden zu wollen und das Böse selbstbewusst zu tun, weil es getan werden muss, damit das eigene Leben wieder eine vernünftige Perspektive, nämlich die der Selbstbestimmung, bekommt.

Hass ist also nicht einfach widervernünftig, sondern ihm selbst ist, konkret betrachtet, Vernunft eigen. Es gilt allerdings nicht ein-

---

[1] Sloterdijk neigt allerdings dazu, den Hass unter den Zorn zu subsumieren und zu marginalisieren und verkennt dadurch analytisch die Bedeutung des Hassbegriffes (vgl. Sloterdijk 2006, S. 92 f.).

fach, dass ohne Hass auf die Unvernünftigen die Vernunft nicht siegen wird, sondern ohne vernünftigen, aufgeklärten und aufklärenden Hass wird die Vernunft nicht über die Unvernunft siegen. Wer also wirklich hasst, der will den Anderen möglicherweise töten, immer aber erkennen, um ihn mit seinen Gedanken, Werken und Lebensformen ein für allemal auszulöschen, so dass nicht einmal die Erinnerung an den Anderen bleibt und man nicht mehr weiß, dass man etwas vergessen hat, weil das Vergessene vergessen gemacht wurde. Dann aber geht der Hass in Rache über. Denn wer hasst, hat nicht nur Gegner, sondern Feinde. Nur der Feind ist aber wirklich vernichtet, von dem vergessen wurde, dass man ihn vergessen hat.

Hass und kalte Rache

Das Unterlegensein gebiert den Hass. Jemand will die Verkörperung des Hasses sein, jemand will *der Hass sein*, der sich ständig gedemütigt, gekränkt, beleidigt, umhergestoßen, ausgestoßen fühlt; er beginnt irgendwann zu hassen mit dem Zweck, sich zu rächen. Zur Selbstverachtung und dadurch zum Selbsthass gezwungen, beginnt er auf Rache zu sinnen, um das Unterlegensein in ein Überlegensein umzukehren, die Niederlage in einen Sieg zu verwandeln.

Die Rache soll die erlittene Schande und Demütigung und die damit verbundenen Schmerzen wieder aufwiegen, ausgleichen. Darum treibt man den Gehassten vor sich her, darum stellt man ihm nach. Die Rache ist also ein Nachstellen. Aber »in welchem Sinne ist die Rache ein Nachstellen? Sie sucht doch nicht bloß etwas zu erjagen, es einzufangen, in Besitz zu nehmen. Sie sucht das, dem sie nachstellt, auch nicht bloß zu erlegen. Das rächende Nachstellen widersetzt sich im Voraus dem, woran es sich rächt. Es widersetzt sich ihm in der Weise, daß es herabsetzt, um dem Herabgesetzten gegenüber sich selbst in die Überlegenheit zu stellen und so die eigene, für einzig maßgebend gehaltene Geltung wiederherzustellen. Denn die Rachsucht wird vom Gefühl des Besiegt- und Geschädigtseins umgetrieben« (Heidegger 1967, S. 104 f.).

Das kann zum einen bedeuten, dass die erlittenen Missetaten durch eigene Missetaten aufgewogen werden. Solche rächenden Missetaten besitzen eine quasimetaphysische Nobilitierungsfunktion. Der Hass treibt uns zur Rache an; wir brauchen ihn, um unsre Würde wiederherzustellen. Rache hilft uns, unsere Minderwertigkeitsgefühle zu überwinden. Rache ist eine Funktion des Hasses zur Wiedererlangung unserer Würde, aber auch zur Wiederherstellung von Gerechtigkeit. Gibt es also gerechte Rache?

Es scheint so. Gerechte Rache erfordert Mäßigung. Das aber bedeutet andererseits, dass der gerechte Rächer lernen muss, dass seine Rache scheitern wird oder nicht nachhaltig gelingt, wenn sie einem falschen, selbstzerstörerischen, unüberlegten Stolz oder Wutanfall unterliegt, die selbst zu ungerechter Rache verführt. In der apollinischen Rache wird das dionysische Gefühl der Rache verstetigt; sie kann warten. Einem stilvoll beherrschten Hass, der die Übermacht des Triebes apollinisch aufhebt, entspricht eine wohlüberlegte Rache, die das selbstgerechte Gefühl der Ohnmacht in den gerechten und richtenden Willen zur Überlegenheit verwandelt. »Sei gerecht!« ist daher das unbedingte Gebot nachhaltiger Rache, das die Wut und den Zorn zivilisiert, sie erkalten lässt, sie nicht unmittelbar zum Ausbruch kommen lässt, damit die Rache gelingt. Nachhaltig gelingende Rache ist daher ebenso wie die Strafe nicht bloß vergangenheitsgerichtet, sondern »wesentlich auf die Zukunft gerichtet« (Schopenhauer 1819/1913, S. 392 f., S. 410).

Die subjektive Überzeugung, im Recht zu sein, zeitigt ambivalente Folgen. Aus Wut und Zorn wird in der kalten Rache ein andauernder Groll, eine verstetigte Vergeltungsstimmung auf Grund erfahrenen Unrechts, die in der Lage ist, auf den richtigen Augenblick der Rache zu warten. Diese Vergeltungsstimmung ist oft mit Ressentiment verbunden und der damit verbundenen Strategie, den Starken erst dann anzugreifen, wenn er schwach und man selbst stark geworden ist.

Bei einer derart verzögerten Racherealisierung kann es dann der Fall sein, dass es nicht mehr die vordringliche Rolle spielt, ob sich die eigene Tat noch auf die tatsächliche Ursache der einstigen Kränkung richtet; für das Gefühl, im Recht zu sein und deshalb zum Handeln gefunden zu haben, reicht es aus, dass nach einer inneren Richtungsbestimmung, die wesentlich durch den Gerechtigkeitssinn geprägt wird, die Rache ungefähr dort einschlägt, woher die Demütigung kam, weshalb sie des Öfteren eine beträchtliche Streubreite hat und wie ein Flächenbombardement wirkt.

Zur nachhaltigen, kalten, wohl überlegten Rache unter dem Gesichtspunkt des Gerechten gehört aber die Fähigkeit, auf Rache zu verzichten – und zwar nicht nur zeitweilig, sondern eventuell überhaupt. Dieser Verzicht auf Rache ist nur möglich, wenn man erlittenes Unrecht, erlittene Boshaftigkeit vergibt. So fällt Rache paradoxerweise mit Vergeben zusammen. Dieses Vergeben kann aber, wie die Erinnerung und das Vergessen, nicht absolut sein, es kann aber ein Nicht-Wahrnehmen einer Möglichkeit, sich berechtigt zu rächen, bedeuten. Das ist die subtilste Form sich zu rächen: In Anerkennung dessen, dass wir alle nicht frei sind von Hass, in Anerkennung des Soseins des Menschen, in Liebe zum Mitmenschen, vergibt man selbst den Hass und die Rache, gerade weil Menschen von ihrer anthropologischen Grundausstattung eben so sind, wie sie sind. Die Rache als Vergebung kann dann ermöglichen zu hassen und doch nicht zu hassen, sondern zu bemitleiden und sogar zu lieben, denn sie ermöglicht nicht nur dem Hassenden zu vergeben, sondern auch sich zu vergeben, nicht zu hassen und sich nicht zu rächen. Der hochrationale Hass kann durch Reflexion seiner eigenen Bedingungen und durch Antizipation möglicher Folgen zur Aufhebung des Hasses führen: Man hört auf zu hassen, weil man vergibt, bemitleidet, liebt.

Wer dagegen dionysisch entgrenzt hasst, kann nicht vergessen und vergeben. Dieser rasende Hass ist gnadenlos, er kennt nicht die Gnade des Vergessens und die Gabe des Vergebens, er vermag nicht zu dulden, was er hasst. Dieser völlig entgrenzte Hass vergisst dadurch selbst, was es bedeutet, seinen Feinden zu vergeben, denen man eigentlich nicht vergeben kann: nämlich sich durch Nachgiebigkeit, Güte, Toleranz überlegen zu zeigen, sich zu rächen, indem man sich nicht rächt, zu vergelten, indem man vergibt.

Feindesachtung und Gelassenheit

Aber wie in jedem Hass noch ein Lieben anwesend ist, so ist in jedem Verachten ein Achten noch enthalten. Der Feind ist ein Gegner, den zu töten selbst adelt, insofern ist er gut. Das aber bewirkt, dass Hass wählerisch macht: Nicht alle möglichen Gegner gilt es zu vernichten, sondern nur die, die zum echten, guten Feind taugen. So ist dem apollinischem Hass selbst noch etwas Adlerhaftes eigen: Er hat den Über-Blick, ehe er sich auf seine Beute stürzt.

Der Hass adelt demzufolge doppelt: den, der hasst, dem durch das Hassen seine Würde zurückgegeben wird, und den, der gehasst wird, sofern er als echter Feind ausgezeichnet wird. Durch diese doppelte Nobilitierungsfunktion des Hasses wird der Hass selbst zu einer Art Vornehmheit, zu einem Ethos, das nicht nur mit Wartenkönnen, Geduld, Racheaufschiebung, Auswahl, ja Geschmack, sondern vor allem mit Gelassenheit verknüpft ist.

Zum Gelingen des adelnden Hasses gehört aber nicht nur Gelassenheit, sondern als apollinische Leidenschaft ermöglicht der Hass Gelassenheit. Denn der Hass als Leidenschaft dauert nicht nur länger, sondern er bringt »erst wahre Dauer und Beständigkeit in unser Dasein, ein Affekt dagegen vermag solches nicht. Weil die Leidenschaft uns ins Wesen zurücknimmt und diesem Beständigkeit verleiht und es so in seine Gründe befreit und lockert, und weil Leidenschaft zugleich der Ausgriff in die Weise des Seienden ist, deshalb gehört zu Leidenschaft – gemeint ist, zur großen – das Verschwenderische und Erfinderische, das Abgebenkönnen nicht nur, sondern das Abgebenmüssen und zugleich jene Unbekümmerung darum, was mit dem Verschwendeten geschieht, jene in sich ruhende Überlegenheit, die den großen Willen kennzeichnet« (Heidegger 1985, S. 57).

Der wählerische Hass macht nicht nur gelassen, mäßigt die Feindschaft, sondern er kann auch zu dem führen, was man eben nicht mit dem Hass assoziiert: zum Verzicht auf Gewalt und direkte Erniedrigung.

Der Hass – eine positive, kreative Stimmung

Die negative Stimmung Hass wird in Kleists »Hermannschlacht« zum Positivum verklärt, dem Feind wird der totale Krieg erklärt, um das Ideal der eigenen Kultur realisieren zu können. Die Maschinerie des Hasses setzt eine Kriegsmaschinerie in Gang. Aber wirklich und erfolgreich hassen kann Hermann nur deshalb, weil er teilhat an der (Kriegs-)Kultur der Römer, weil er als scheinbarer Verbündeter nicht nur ihre Pläne kennt, sondern weil er auch die Regeln ihrer Kriegsführung kennt, denen er seine entgegensetzt. Der Hass setzt hier also durchaus ein richtiges Verstehen und nicht nur ein Missverstehen voraus; er beruht sogar auf dem richtigen Verstehen und nicht einfach auf Unverständnis oder Missverstehen. Wer nicht richtig versteht, kann auch nicht erfolgreich hassen. Indem Hermann der Kriegsregel der Römer seine eigene entgegensetzt, wirkt sein Hass nicht nur zerstörend, sondern auch gestaltend. Es ist ein Irrtum, dass Hass bloß formzerstörend wirkt, ebenso wirkt er formgebend, indem bisherige Regeln der Formgebung durch andere ersetzt werden, die freilich die bisher herrschenden negieren. Der Hass ist also nicht nur eine Ausdrucksform des Negativen und ein bloß zerstörerischer Affekt. Er kann vielmehr positiv sein, formgebend, ja kreativ in seinem Negationspotenzial. Denn der Hass verkörpert auch Kampfeslust, die positiv immer auch Lust (dagegen Spinoza 1987, S. 199) auf gekonnte Gewaltausübung ist, und insofern enthält der Hass durch die technische Handhabung der Kampfeslust selbst ein Korrektiv in sich, durch das er – zum Beispiel im Sport und Sex – kanalisiert werden kann. Gerade im Sport und im Sex beweist sich, das Hassen auch ein Können ist, das durchaus nicht nur unsere Freiheit bedroht, sondern zur Freiheit gehört, um sie auszuhalten.

In Kleists »Penthesilea« gipfelt die Liebe in einer wahnsinnigen Besessenheit, die scheinbar alles und alle verstört und zerstört. Der Hass Hermanns in der »Hermannschlacht« ist Konzentration, Wille, Entscheidung, in dem sich alle als andere wiederfinden. Sicher sind in Penthesileas Liebe zu Achill Elemente des Hasses anwesend, insofern sie dem Anderen gegenübertritt und dabei die Muskeln und Kiefer strafft, um zupacken und zubeißen zu können, aber es ist eher der in eine Rolle gezwängte ohnmächtige

Trieb als der eisig-rationale und eiserne Wille Hermanns, der zur Vernichtung des Anderen führt. Penthesilea vernichtet den Anderen mit verirrter Sinnlichkeit und insofern sie liebt. Hermann vernichtet den Anderen nach einem rationalen Wollen, er hasst, weil er weiß, was er wollen muss, was er vernichten muss, um er selbst zu sein, und weil er deshalb auch seine Affekte beherrschen will. Penthesilea weiß gar nicht, was sie will, sie glaubt etwas wollen zu müssen. Hermanns Hass ist total und rational und insofern absoluter Hass, der immer skrupel- und gewissenlos ist beziehungsweise Skrupel und Gewissen zu verdrängen vermag. Penthesilea schwankt zwischen Pflicht und Neigung, Liebenwollen und Nichtlieben-Dürfen, Verstehen und Nicht-verstehen-Können. Dieses Schwanken richtet sie selbst zugrunde. Hermann dagegen verdrängt all dieses Schwanken durch einen Hass, der ihm sagt, was zu tun ist, und der sein Handeln klar und deutlich ausrichtet. Er hat einen Feind, den er vernichten will, und das macht ihn stark, weil es ihn in eine rationale Aggressivität versetzt, in der Wutanfall und Mutanfall, Zupacken, Sich-Behaupten und Durchsetzen, Abgrenzen, Ausgrenzen und Selbständigkeit, Reue und Entscheidung zur Tat, Zorn und Gerechtigkeitsstreben an einem übergreifenden Zweck normiert sind. Der Hass reduziert und bündelt dadurch Hermanns Affekte zu einer positiven Handlungsfähigkeit; er richtet die Hyperkomplexität der Gefühle, die uns handlungsunfähig macht, weil wir nicht wissen, wonach wir handeln und wie wir uns entscheiden sollen, aus auf ein übergreifendes Ziel, durch das wir zu handeln vermögen. Insofern ist er bei Kleist durchaus eine positive Stimmung und nicht nur eine negative, die alle anderen positiven Gefühle zerstört.

Der Schrecken der ungewöhnlichen und ungeheuerlichen Gewalt wird in der »Hermannschlacht« erhöht zum Ideal des Widerstandes. Der Andere wird nicht nur im Hass zum personifizierten Bösen erklärt, sondern er hat Stil, sofern die immer auch vorhandene private Fehde zum Kampf für Ideale stilisiert wird. Hermanns Hass als Ausdruck des Widerstandes ist nicht möglich ohne ein tief verletztes Ehrgefühl. Aber nur dadurch, dass er das Gefühl persönlicher Kränkung im Hass gegen die Römer transzendiert, wird es ihm möglich, als Rächer für die verletzte Ehre der germanischen Stämme aufzutreten. »Nur wenn man das Böse als

Person plastisch vor sich sieht, macht es den Haß stoßkräftig und schöpferisch, nur wenn man die Person als Idee sieht, mag er groß und edel genug sein um Dichtung zu werden und über die bloße Schmähung hinauszuwachsen. Nur wenn man borniert genug ist, um das Böse ganz in einer Person zu sehen oder in einem Volk, wird man überhaupt Haßgesänge schreiben können, nur wenn man edel genug ist, in Personen nicht die Person, sondern das Böse schlechthin zu verabscheuen, wird man überprivate Haßgesänge schreiben können« (Gundolf 1922, S. 120).

Für Kleist war Napoleon eine solche weltgeschichtliche Person, die maßlos gehasst und zugleich überpersönlich als absolut Böses genommen werden konnte. Die »höhnische Dämonenbrut« soll nicht, darf nicht irgendwie liebenswert erscheinen, nur dann wird Hass zum Hass, zum Seelenheil in der Feindschaft, zur Feindseligkeit, nur dann wird die Tathandlung inquisitorisch.

Ein unbedingter Hass braucht einen unbedingten Feind, der gar nicht faktisch anwesend sein muss, sondern dessen Anwesenheit fiktiv sein kann, der sogar abwesend anwesend sein kann, um zu wirken, und an diesem Feind entfaltet sich Hermanns politische Kreativität. Aber Hermanns Hass siegt, weil er die Gehassten nicht verzerrt wahrnimmt, sondern sie in ihrer eigenen Rationalität versteht. Ihm ist ein religiöses Moment eigen, das Verschiedene zu einer Gemeinschaft von Verschworenen verbindet, zu einem »Wir«, das entsteht, indem der Personalhass transzendiert wird durch die hassenswerte Sache, die die gehasste Person repräsentiert, wenn deren Vernichtung Voraussetzung zur Realisierung gemeinschaftlicher Interessen ist. Hass produziert also nicht nur Gegenhass, sondern er bringt auch positive Gemeinschaftlichkeit hervor. Hass als vergemeinschaftende Stimmung und als von Vielen getragener Hass, als gemeinschaftlicher Hass konstituiert wie die Liebe positiv Gemeinschaft – allerdings im Medium des Bösen, Negativen. »Der kollektive Hass erlöst aus Einsamkeit und Verlassenheit, befreit vom Gefühl der Schwäche, der Ohnmacht und der Vernachlässigung. Das wiederum hilft, mit dem Gefühl der Minderwertigkeit und des Versagens fertig zu werden. Er schafft ein Gefühl der Zusammengehörigkeit, eine Art Verbrüderung, die auf einer schlichten Form des Einverständnisses beruht; die Beteiligung wird von keinerlei Ansprüchen abhängig gemacht, die Aufnahmebedingungen sind leicht zu bestehen und niemand muss Angst haben, das Aufnahmeverfahren nicht zu bestehen« (Havel 1991, S. 123).

In dieser Gemeinschaft der Hassenden versichert man sich gegenseitig des eigenen Wertes, man bekommt ein Selbstwertgefühl vermittelt über den Wert der Gemeinschaft der Hassenden. Kollektiver Hass bedeutet individuelle Selbstvergewisserung per Gemeinschaft, und er ist daher ein Selbstvergewisserungssystem, in dem man sich gegenseitig kennt und anerkennt, schätzt und belohnt.

Individueller und kollektiver Hass

Für die Ausprägung existenzialen Hasses und den Hasshaushalt von Gemeinschaften und Gesellschaften ist das Verhältnis von relativem und absolutem Hass fundamental. Erst auf dem Grund dieser existenzialen Hassbestimmungen werden davon abgeleitete Bestimmungen des Hasses wie individueller und kollektiver Hass verstehbar.

Es kann gar kein Zweifel daran bestehen, dass zwischen individuellem Hass und Gruppenhass zu unterscheiden ist, wobei allerdings angemerkt sei, dass nicht jeder Kollektivhass als Übel, als Böses, schlechthin negativ zu bewerten ist. Vielmehr ist zu fragen, wie und wogegen solch ein Hass sich ausrichtet und inwiefern er auch als positive, vergemeinschaftende Kraft zu bestimmen ist.

Vaclaw Havel, der das Verhältnis von individuellem und kollektivem Hass und vor allem die Anziehungskraft kollektiven Hasses problematisiert hat, neigt allerdings dazu, den individuellen Hass unter den Gruppenhass zu subsumieren und folglich zwischen beidem keinen Unterschied zu sehen, was dazu führt, dass er Merkmale des existenzialen Hasses unter den Gruppenhass einordnet. So kommt er nicht nur zu einer falschen Bewertung sowohl des individuellen wie des kollektiven Hasses, sondern auch zu einer falschen Identifizierung von individuellem mit relativem Hass und von kollektivem mit absolutem Hass, in die zusätzlich Merkmale des absoluten Hasses aufgenommen wurden. Außerdem bestimmt er die Unfähigkeit, Maß zu halten, als Merkmal des

Hasses überhaupt, was für den relativen und kalkulierenden Hass nicht stimmt (Havel 1991, S. 121, S. 123 ff.).

Die Havel'sche Position, dass der Gruppenhass das »eigentliche Reservoir«, der magnetische Anziehungspunkt ist, dem sich keiner entziehen kann, der »moralisch schwach, […] egoistisch, denkfaul, unfähig zum selbständigen Urteilen« ist (Havel 1991, S. 123 f.), bestimmt daher den Hass nur aus der Sicht des unbegrenzten, unmäßigen Hasses, der den alltäglich anwesenden, begrenzten, zivilisierten Hass zwischen einzelnen Menschen und Gruppen in seinen Sog hineinziehen kann. Havel vergisst dadurch wiederum das widerständige Moment des individuellen, relativen, aber auch kalkulierenden gemäßigten Hasses gegen den verabsolutierten Hass, ein Moment, das mindestens partiell zivilisiert und pazifiziert.

Sicher ist es so, dass der verabsolutierte, kollektive Hass aus dem alltäglich anwesenden relativen Hass eher unauffällig in der Normalität des Lebensvollzugs und daher oft unbemerkt entstehen kann und entsteht. Aber man sollte deshalb nicht in den finalistischen Fehlschluss verfallen, den individuellen, meist relativen Hass mit der absolutistischen Variante des Gruppenhasses, zu verwechseln. Das Extrem eines Phänomens, eine Ausprägungsform eines Phänomens, kann zwar eine mögliche Tendenz seiner Verwirklichung anzeigen, aber nicht das gesamte Wesen in seiner wirklichen Möglichkeit zum Erscheinen bringen.

Havel meint in diesem Kontext, dass der ideale Ausgangspunkt für den kollektiven Hass darin besteht, dass einzelne Menschen oder Menschengruppen wegen ihrer ethnischen, politischen oder religiösen Herkunft a priori zu schlechten Menschen, zum Hort des Bösen erklärt werden. Das Übel des Rassismus und Nationalismus legitimiert sich immer wieder durch solche Pauschalisierungen. Das stimmt. Aber das gilt nicht nur für den kollektiven Hass, sondern auch für den individuellen, absoluten Hass, womit Havel indirekt beweist, dass der Ausgangspunkt kollektiven Hasses ein absoluter individueller Hass sein kann, der dann Bedingung der Möglichkeit des kollektiven Hasses wird, wenn dafür noch andere Rahmenbedingung herangereift sind. Heinrich Mann hat dies am Beispiel des Aufstiegs der nationalsozialistischen Hassprediger gezeigt. Zunächst müssen jedoch Hassprediger da sein, an denen sich der kollektive Hass aufrichten kann, und der auferstandene kollektive Hass wird die Hassprediger natürlich weitertreiben.

Nur ein außerordentlicher, entgrenzter und individueller Hass kann den kollektiven Hass antreiben. Meistens versteckt sich der individuelle Hass hinter dem kollektiven Hass, was wiederum das Verhältnis von relativem Hass und absolutem Hass verkompliziert, zumal beide noch durch das Ressentiment bestimmt sind. Diese Ressentimentgestimmtheit des relativen und absoluten Hasses erscheint wiederum gebrochen durch den verschämten individuellen und offenen kollektiven Hass je unterschiedlich.

Der Einzelne schämt sich für den Hass: Es hassen immer die Anderen und man selbst nicht; man schämt sich, böse zu sein, weil man gut sein soll. Oder aber man hasst selbstbewusst gemeinschaftlich: Man ist stolz darauf zu hassen; selbstbewusst tut man das Böse, das nach gemeinschaftlich geteilter Auffassung getan werden muss.

Der verschämte Einzelhasser hat (noch) Gewissenbisse und will sein dichotomes Freund-Feind-Weltbild verbergen. Der gemeinschaftlich selbstbewusst Hassende bekennt sich gewissensgestützt offen zu seiner Entweder-oder-, zu seiner Freund-oder-Feind-Lebensanschauung.

Wer gemeinschaftlich und ultimativ hasst, sagt offen, dass er hasst. Wer relativ und vereinzelt hasst, hasst eher verunsichert und wird sich im Hintergrund halten. Der vereinzelte, relative Hass ist immer in gewissem Maße rückhaltlos, unentschlossen und feige. Der kollektive Hass ermöglicht den Einzelnen, ihren Hass durch die Macht der Mehrheit hinter dem Ressentiment der Mehrheitsvorstellungen zu verstecken. Erst durch die Macht der Massen finden sie die Kraft, ihren Ärger und ihre Wut in den Mut zum Handeln umzusetzen und aktiv zu werden. Der kollektive Hass gibt dem individuellen Hass eine Rückendeckung, und er entlastet von der individuellen Verantwortung zu hassen.

Hass und Sündenbock

Wie der Hass zum Ausbrechen Wut und Zorn braucht, so braucht anscheinend jeder Hass ein konkretes Objekt, das gehasst werden kann. Deshalb sucht man sich Sündenböcke als Ersatzschuldige, die durch ihre entdifferenzierte Bestimmung im Grunde immer irgendwie identifizierbar sind, daher stabil und variabel sind und durch diese bestimmte Unbestimmtheit für eine Totalität stehen, die gehasst wird. Wenn der Hass auf eine Totale gerichtet ist, insofern sein Objekt eine Totalität von möglichen Objekten innerhalb einer bestimmten Streubreite ist, dann ist es leicht zu erklären, wieso Menschen sehr schnell die konkreten Objekte ihres Hasses wechseln können und auch ohne konkret vorhandene Objekte des Hasses hassen können. Das Subjekt ist dann schon längst der Hass geworden, und diese Gestimmtheit des Subjekts bestimmt die immergleiche Sicht auf die Totalität der Objekte. Der absolute Hass ist nicht enttäuschbar, weil er immer ein Hassobjekt findet, selbst wenn physisch keines anwesend ist. Absoluter Hass ist daher auch stabil und nachhaltig, gerade weil er auf die Totale geht, und sich in gewissem Maß vom konkreten Objekt löst und dadurch in der Lage ist, immer fiktiv ein Hassobjekt bei sich zu finden, selbst wenn das ihm gegenüberstehende Andere keines ist – dann wird es eben vom echt Hassenden dazu gemacht.

Der Sündenbock ist schließlich selbst Schuld daran, dass man ihn hasst. Das Opfer ist für den Hassenden immer für alles verantwortlich und es ist auch verantwortlich für die Anschuldigungen, die im zuteil werden, egal, ob sie nun den Tatsachen entsprechen oder nicht. Wer hasst, hat immer schon verstanden, egal, ob er missverstanden hat. Was zählt, ist die Legitimation durch Authentizität der Wahrnehmung des Hassenden.

Der Hass erschafft erst sein Gegenüber als Feind, gibt ihm eine Identität und Konsistenz. Am besten eignet sich das Andere zum Sündenbock, wenn es »eine Differenz zum Normalen« (Brenner u. Zirfas 2002, S.197) verkörpert, möglichst sich durch besondere Merkmale von anderen abhebt und einer Minderheit angehört. Dann braucht es auch zum Hass keinen Mut mehr, denn dann ist der Hass auf der Seite der Mehrheit, und es nicht mehr gefährlich, sich ihm anzuschließen.

Hass und Verachtung

Hass durch systematische Abwertung wird von Menschen und Menschengruppen geschürt, denen ein permanentes Minderwertigkeitsgefühl in Bezug auf die diskriminierten Menschen eigen ist. Maßloser Hass ist nicht möglich ohne dieses permanente, durch andere produzierte, total werden könnende Minderwertigkeitsgefühl, ohne das Gefühl, nichts zu sein und nichts zu haben von dem, was einem nach dem eigenen (sich oftmals überschätzenden) Selbstwertgefühl zusteht. Nur wer sich ungerecht verachtet fühlt, wird um die Achtung mit allen Mitteln kämpfen. Verachtung durch andere ist für viele von uns schlimmer, als von anderen gehasst zu werden. Diese Verachtung ist aber kompensierbar durch den Hass gegen die, die einen verachten. Dadurch erhebt man sich selbst, indem man sich in eine kämpferische Haltung hineinbegibt. Der Hasser erweist sich dann als der Verächter, der verachtet, weil er verachtet wird.

Aber ein verletztes Selbstwertgefühl ist kompensierbar: Zum Beispiel durch Erprobung am Fremden, indem es als Ursache allen Unheils, als Sündenbock, als zu verachtender Feind behandelt wird. Durch den Hass auf diesen vermeintlichen Feind und die daraus folgende Kampfentschlossenheit gegen das feindliche Fremde wird die Selbstachtung der Hassenden wieder aufgebaut. Man glaubt, einen Gegenstand der Rache und des Hasses zu brauchen, um zum Beispiel in einer Situation der totalen Entwertung von bisher Anerkanntem als Selbst zu überleben. Wird das Selbstmitleid in der Vermittlung durch den Neid rachsüchtig und steht die Rachsucht für die Möglichkeit zu überleben, dann kann der bisher anwesende, passive Hass aggressiv und maßlos werden. Dann ist es mit der großzügigen Duldung des Anderen vorbei, denn das Selbstmitleid wird nun aktivistisch gewendet im Kampf um Lebensmöglichkeiten. Wird dieses Phänomen zu einem Massenphänomen, dann kann durchaus das eintreffen, was niemand will, womit aber immer zu rechnen ist: Vernünftige Einwände gegen Fremdenhass helfen nichts mehr, weil man wirklich glauben will, im Anderen, Fremden einen Feind zu haben, weil man das eigene Selbst bedroht sehen will. Hass und Liebe geraten dann zu den angeblich notwendigen Selbsttechniken eines Existenzkampfes, der auf Leben und Tod geführt wird und der einhergeht mit gesteigerter Todes- und Tötungsbereitschaft sowie Todes- und Tötungssehnsucht.

Hass und Liebe

Gerade wenn die Liebe total ist, wie in der romantischen Liebe, wird sie zum Grund und zur Legitimation des Hasses benutzbar. Die Liebe als höchstes Gut einer Kultur taugt prächtig zur Maske für den Hass, der sich dadurch in seinem Tun gründet und legitimiert.

Liebe ist nicht nur allzu oft eine Selbsttäuschung, sondern als diese Selbsttäuschung taugt sie glänzend zur Verdeckung ihres Hasses, zumal wenn sie human, zivilisiert, also gewaltlos auftritt. Es zeigt sich, dass die Gewalt der Liebe darin besteht, gewaltlos zu hassen. Sie weist die Gewalt von sich, die der offene Hass propagiert, und wird dadurch die subtilste Form zu hassen, indem das Leiden am Hass durch ein (mitunter militantes) Mitleid in gewaltloser Liebe ersetzt wird. In diesem Mitleiden aber wurden und werden Unterwerfungen realisiert, die im Gegensatz zum unzivilisierten Hass gerade nicht mit dem physischen Tod des Mitleidsobjektes enden sollen, wohl aber mit dessen psychischer und moralischer Umkehr, also mit einem symbolischen Tod. Das liebende Mitleid entsorgt das alte Leben, bewirkt seine Verarbeitung, um neues Leben zu ermöglichen. Auch die mitleidende Liebe lässt sterben, um Leben zu machen. Die Geschichte des Christentums hat dies immer wieder bewiesen. Der physische Tod wurde dabei in der Geschichte der christlichen Zivilisierung durch den symbolischen Tod ersetzt: Nicht mehr das physische Leben des Einzelnen soll direkt geopfert werden, vielmehr soll er nur seine Lebensform, seine Werte umkehren.

Wie es ein Gewaltrecht des Guten gibt, gibt es anscheinend ein Gewaltrecht der und aus Liebe. Die Liebe wurde deshalb allzu oft missbraucht, um in Verbindung mit dem Gebrauch solcher Termini wie Vernunft, Verantwortung, Versöhnung den Hass und die mit ihm verbundenen Differenzen, Brüche, Polarisierungen, Kriege und Eroberungen besser praktizieren zu können. Denn die totale Liebe lehrt eben auch die brutale Unversöhnlichkeit gegenüber denjenigen, die nicht geliebt werden und die nicht lieben, was man liebt, eine Unversöhnlichkeit, die übrigens fälschlicherweise immer nur dem Hass zugesprochen wird, in der aber die Liebe sich selbst durch ihre Grenze, durch ihr Extrem, das sie angeblich nicht ist, bestimmt – durch den Hass. Wer also total liebt, der kann die Möglichkeit der Preisgabe, gar der Tötung der Anderen, die aus dieser Liebe herausfallen und den Umschlag in absoluten Hass nicht ausschließen.

Der Hass ist »Ausdruck irgendeiner großen und im Grunde unstillbaren Sehnsucht […] eines gewissermaßen dauerhaft unerfüllten und eigentlich unerfüllbaren Wollens, einer verzweifelten Ambition. Es ist also diese innere, durch und durch aktive Kraft, die ihren Träger immer von neuem fesselt, ihn verschleppt und sozusagen besetzt« (Havel 1991, S. 118).

Hass erscheint im Resultat eventuell als Nichtvorhandensein von Liebe, setzt aber enttäuschte Liebe voraus und ist eine Art negativistischen Liebens, das nicht bloß destruktiv ist. Dies hat erstens zur Konsequenz, dass die Liebe durchaus dem Hass vorausgeht und ihm vorgängig, aber deshalb nicht apriori wertvorrangig ist, wie es das christliche Liebesideal behauptet. Hass ist ein Nachklang entweder unvergesslicher oder unerfüllter Liebe, der sehr lang anzuhalten vermag. Die zweite Konsequenz besteht darin, dass Hass nicht nur ein »Abwehraffekt« ist, sondern auch ein »Zuwendungsaffekt« (dagegen Bloch 1990, S. 81), der bis zur zumindest zeitweisen Verschmelzung des Hassenden mit dem Gehassten (und zugleich des Liebenden mit dem Hassenden) führen kann.

Dem Hass ist wie der Liebe ein sich selbst transzendierendes Moment gemein, weil er ein Verbundensein mit dem Anderen, eine Art der Abhängigkeit vom Anderen bedeutet. Er ist eine Art, seine Identität zu finden, indem man sich in absoluter Differenz zu anderen setzt und dadurch sich zugleich mit anderen identifiziert. »So, wie sich der Liebende nach der Geliebten sehnt und nicht ohne sie sein kann, sehnt sich auch der Hassende nach dem Gehassten« (Havel 1991, S. 118 f.). Liebe und Hass verkörpern beide eine Sehnsucht nach einem Absoluten. Das Diabolische von Liebe und Hass liegt in dem Streben, das Absolute, das Unerreichbare doch erreichen zu wollen. Die Welt, die daran hindert, mag dann nur als Niedertracht und vernichtenswert erscheinen. Die Welt hat die Schuld dafür zu tragen, dass man den eigenen absoluten Anspruch nicht verwirklichen kann.

Selbsthass und Rache

Jedes Leiden an enttäuschter oder ohnmächtiger Liebe erzeugt Selbsthass, weil man nicht das erreicht, was man ereichen will, weil man nicht der ist, der man sein möchte. Hass basiert vor allem auf Selbsthass, und wie der Hass die entsetzlichste aller menschlichen Leidenschaften, die Menschenverachtung, erzeugt, so erzeugt der Selbsthass die Selbstverachtung.

Der Hass auf den Anderen ist also ein Projektionsphänomen des Selbsthasses: Man fühlt sich durch den Anderen an den eigenen Mangel, ein eigenes Versagen, an die eigene Unfähigkeit erinnert und daran, dass man damit nicht umgehen kann. So beginnt man sich selbst zu hassen, und diesen Selbsthass legt man um auf den Hass auf den Anderen.

Das direkte Gegenüber für eine Rache, die die Demütigungen des Selbsthasses im eigenen Wertgefühl aufwiegen will, wäre das eigene Ich. Aber das Ich kann mit sich nicht so umgehen, um seinen Selbsthass zu überwinden. Es ist nicht mit sich selbst befreundet, sondern führt mit sich Krieg. Um aber diesen Krieg in sich beherrschen zu können, verlagert es den Krieg mit sich nach außen und führt Krieg mit dem Anderen, weil es nicht mit sich befreundet ist.

Wer mit dem Leben, den Menschen und der Welt nicht zurecht kommt, kann sich immer noch in den Hass flüchten und die Not zur Tugend stilisieren, also das hassen, womit er nicht umgehen kann. Lebensverneinung, Welt- und Menschenverachtung sind allzu oft Ausdruck eines unbewältigten Lebens, eines Lebens, das man selbst verachtet, weil man sich selbst für seine Unfähigkeit verachtet, das Angestrebte zu erreichen.

Die Kanalisierung des Hasses nach außen bietet einen Ausweg aus dem Selbsthass, und zwar dann, wenn man sich selbst glaubhaft versichern kann, den zu hassen, der die Selbstverachtung verschuldet hat. Das Interesse daran, nicht sich selbst zu hassen, setzt die Suche nach einem Ersatzschuldigen in Gang, und es braucht ihn, weil er entschuldet. Es steht gleichsam unter Zeitdruck, lässt für ruhiges Abwägen keinen Raum, weil der von Selbstzerstörung Bedrohte keinen Spielraum mehr hat, es begnügt sich also, sobald der innere Richtungssinn ungefähre Übereinstimmung mit einem Bezirk signalisiert hat, aus dem frühere Demütigung erlebt wurde, und wendet nun an das so ausgemachte Objekt seinen Hass.

Wer sich Demütigungen allzu oft gefallen lässt, so bestätigen es jedenfalls unsere Alltagsvorurteile, beweist nur seine eigene Nichtigkeit – sich und Anderen gegenüber. Er kann, um diese Nichtigkeit positiv zu stilisieren, zur Verachtung menschlicher Verhältnisse überhaupt gelangen, so dass die abgewendete Selbstverachtung des Einzelnen durchaus nicht nur in die Ächtung, sondern sogar in Versuche zur Ausrottung ganzer Menschengruppen münden kann.

Weil im Käfig des eigenen Erlebens die eigenen idealen Entwürfe, die Träume vom guten und schönen, tapferen Selbst, immer wieder an den Gitterstäben zerschellen, die vom Tun und Denken der Anderen gesetzt werden, findet man es legitim, wenn alle zerschellen müssen, die – zumindest der Möglichkeit nach – Stäbe setzen könnten. Die Konsequenz einer solchen Denkweise ist, dass der Tod aller das endliche Ende des eigenen Leidens ist und durch den Tod aller Anderen das Opfer des eigenen Ichs gerächt wird.

Wem es also versagt ist, menschliche Anteilnahme zu finden, der neigt auch dazu, es sich zu versagen, am Sterben, am Tod der Anderen Anteil zu nehmen. Rachegefühle schlagen in einen total zerstörerischen Hass um, wenn keine Aussicht auf Hilfe, wenn keine Hoffnung besteht, seine Leiden zu überwinden und ein Leben nach eigenen Vorstellungen führen zu können. Nur der vermag so unendlich und absolut zu hassen, dessen Liebe zu etwas und Stolz auf etwas immer wieder und unendlich zerstört wurde. Wenn die Liebe, das Ehrgefühl, der Stolz, die Würde, die Hoffnungen des Einzelnen keine Erfüllung zu finden glauben, wenn der Hunger ungestillt bleibt, wenn man vor lauter Moral kein Fressen hat oder wenn ungekehrt, was wohl eher das Problem der sogenannten Wohlstandsgesellschaften ist, zwar Fastfood, aber keine Sicherheit und kein Sinn mehr da ist, dann wird aus Furcht Angst, aus Neid Rache, aus Ärger und Wut Hass, und der Hass gerät schließlich zur alles dominierenden Stimmung.

Dann zeigt sich, dass Hass nicht nur auf der Basis von erniedrigtem Stolz wächst, sondern dass Hass auch stolz machen kann, nämlich stolz gegenüber dem Gehassten, stolz auf seinen eigenen Hass und darauf, dass man gehasst wird. Da gelten dann Sprüche wie: »Viel Feind, viel Ehr'!« und »Es ist besser, als ein Wolf zu sterben, denn als ein Hund zu leben.« Das Bekenntnis zum eigenen Hass gerät daher manchem zur Selbstfindung, zur Wiedererlangung der eigenen Würde und Selbstachtung. Nicht zu hassen kann auch Selbstverrat, Selbstunterdrückung und den Verzicht auf Selbstmacht bedeuten. Der Hass wird so »ein Mittel zur Restitution des Selbst, und zwar in durchaus aktiver und zweckdienlicher Weise: ein Streitender verlangt nach Wiedergutmachung und festigt die eigene Position durch gerechten Zorn« (Lichtenberg 1992, S. 74), indem die Wut gegen Ungerechtigkeit in Mut zum Kampf um Gerechtigkeit umschlägt. Denn wenn »der Haß immer einsetzt, wenn die Selbstpreisgabe zu groß geworden ist«, dann ist es eben, wie hier versucht wird zu zeigen, nicht nur die Liebe, sondern auch der sich selbst transzendierende Hass, der uns hilft, das eigene Selbst wieder zurückzuerobern und zu lieben sowie die in der »Liebesangst oder Angst vor der Liebe« vorhandene »Angst vor ›Selbstpreisgabe‹« aufzuheben (dagegen Scheler 1923, S. 56, Anm. 1).

Das Eigene wächst nicht nur aus dem Fremden, es wächst im Kampf gegen das Fremde. Es gibt keine Selbsterhaltung, Selbstfindung und Selbststeigerung von Individuen und Gemeinschaften ohne den Kampf gegen die Feinde. Auch insofern scheint die Regel gültig zu sein, dass, wenn es keine Gegner geben würde, man diese erfinden müsste. Das gilt selbst für die Forderungen nach Feindesliebe. Wenn gefordert wird: »Liebet eure Feinde, und betet für jene, welche euch verfolgen und verleumden« (Mt 5,44), dann wird das säkular am ehesten umgesetzt als: Lernt eure Gegner erkennen und lernt, dass sie als Feinde zu hassen wären; erst dann tut ein Übriges und liebt sie im Bewusstsein eures Rechtes auf Hass, damit ihr euch selbst achten könnt. »Mein ist die Rache, spricht der Herr« erlöst nicht aus der notwendigen Konfrontation, sondern nur aus dem Zwang, vorschnell zu hassen.

Wer auf Rache sinnt, der verfolgt nicht nur, der fühlt sich zu allererst selbst verfolgt. Die Verfolgungssucht, die den Hass begleitet, kommt selbst aus dem Wahn, verfolgt zu werden. Der Verfolgungswahn macht verfolgungssüchtig, und mit der Verfolgungssucht ist die Rachsucht verbunden. Der Rachsüchtige lässt sich immer von der Macht treiben, die ihn bedrängt, oder er will die Macht kompensieren, die er verloren hat. Hass- und Rachegefühle sind nicht möglich ohne die Übersteigerung von Stolz, Würde, Ehre, die aus erlittenen Demütigungen, verletztem Selbstwertgefühl und nicht vorhandener Anerkennung kommen. Das unbedingte Siegenwollen, das mit dem Hass verbunden ist, kommt aus nie bewältigten Niederlagen. Das Verliererbewusstsein kann kompensiert werden, indem man sich als ewiges Opfer, als andauernd Verfolgter stilisiert, oder aber, indem man selbst aktiv wird, selbst verfolgt und den gehassten Verfolgten besiegt, ihn tötet.

Der Hass als Sein zur Vernichtung des verfolgten Feindes ist dann tatsächlich nicht zu trennen von der Erwartung der »Nacht der langen Messer«, von der »Hingespanntheit auf den entscheidenden Augenblick«, von »der Vorwegnahme eines unverzichtbaren Tags des Zorns«, vom »Vorlaufen in die Genugtuung« (Sloterdijk 2006, S. 97 f.).

Hass und Kampf

Der Hass ist die Umkehrung des Willens zur Liebe. Wie aber die (romantische) Liebe Wille zur totalen Vereinigung ist, so ist der Hass Wille zur totalen Trennung. Das in der Liebe enthaltene Begehren nach Aufgehen im Leben des Anderen kann im Hass in einen totalen Vernichtungswillen des Anderen umschlagen. So aber, wie der Krieg das Getrennte zu vereinen vermag, so entzweit der Hass nicht nur, sondern er hebt die Entzweiungen auf. Hassbereitschaft ist Ausdruck des Willens, im Kampf eins zu werden.

Hass erzeugt nicht nur Kampfbereitschaft, sondern steigert die Kampfbereitschaft hin zur Kriegsbereitschaft, der Gegner steht nun als Feind gegenüber, und der Wehrwille ist mit dem Tötungswillen verbunden. Hassen in diesem Sinn ist kein bloßes Vorlaufen in den Tod; hier geht es nicht um ein »Als-ob«, hier geht es nicht um die imaginierte Tötung des Anderen, sondern um die Faktizität der Tötung des Anderen.

Schon für den relativen Hass gilt: Nur wer sich noch wehren will, lebt. Hass ist Leben, das leben will. Hass ist Wille zum Leben. Aber für den absoluten Hass gilt dann: Hass ist Leben, das sich im Tod des Anderen beweist; Hass ist Wille zum Leben als Wille zur Tötung des Anderen. Hass ist nicht bloß sich erhaltendes, sondern neu gewonnenes, gesteigertes Leben durch Tötung des Anderen. Hass ist ein Lebensbeweis, der als solcher den Hass verstärkt, ebenso wie Leben als Leben nicht nur bloßes Überleben, sondern Mehr-Leben sein will.

Der kriegerische Kampf kann ein Ereignis sein als elementares, gewaltiges, außerordentliches, ekstatisches Erleben des Lebens. Denn das Ereignis kriegerischen Kämpfens bedeutet erhabene Gemeinschaftlichkeit und illusionäre Gerechtigkeit, es bedeutet ein Fieber, in dem die Langeweile der Alltäglichkeit verbrennt wie Zunder, und er bedeutete im 20. Jahrhundert manchem ein »Stahlgewitter«, das aus Knechten Herren, das aus Lumpen Helden macht. Solch ein Kampf scheint dem Leben Dauer, dem Augenblick Ewigkeit zu verleihen. Das Alte scheint sich in kriegerischen Kämpfen zu verjüngen, und wo kein Kampf ist, da ist keine Jugend.

Es ist nicht verwunderlich, dass in einer langweiligen Wohlstandsgesellschaft solch ein kriegerisches Kämpfen als echtes Kämpfen auf Leben und Tod – von links und von rechts – mythisiert, ja als der eigentliche Gegenstand der Liebe betrachtet wurde. Denn den Krieg liebt man nicht bloß um des Kampfes willen, sondern um die Lebenschancen, die er anscheinend bietet. Wer entschieden kämpfen will, der sucht nicht einfach einen Ersatz für den Krieg, sondern er sucht die Anerkennung, die ihm nicht gewährt wird, die ihm seiner Meinung nach aber zusteht. Der Wille zum Kampf ist nicht einfach als Wille zum Krieg zu deuten, sondern er verweist auch auf einen Elan, auf eine Energie, auf eine Dynamik, die sich noch nicht entfalten kann, die sich jedoch entfalten will. Der Wille zum Krieg als Wille zur Anerkennung durch Kampf (auf Leben und Tod) ist positiv auch als Wille zur Entscheidung, zur Entschiedenheit im Handeln, als Wille zum politischen Wollen zu deuten.

Wer etwas politisch will, der will gleichzeitig immer etwas gegen jemand anderes. Wer etwas von sich erwartet, erwartet auch von den und gegen die Anderen etwas. Und man erwartet dies, weil man will, dass in der Entscheidung etwas anderes wird. Insofern ist die Erwartung eines radikalen Anderswerdens nicht von der notwendigen Bestimmtheit des Hasses getrennt. Weil man nicht seicht und lau denkt und fühlt, weil man nicht dem Mittelmaß angehören will, weil man nicht alles dulden will, weil man sich bestimmen will, weil man eine Entscheidung will, weil man einen Sinn sucht, weil man sich jung und stark erleben will, lernt man zu hassen.

Hass ist also nicht nur eine Last, die schwer zu ertragen ist, oder eine Last, unter der man zusammenbricht, sondern Hass ist immer auch die Lust am Kampf, an der Selbstbestätigung im Kampf auf Leben und Tod. Als solche Lust ist der Hass eine positive Kraft, die es dem Menschen ermöglicht, seine bisherigen Fähigkeiten und Fertigkeiten zu übersteigen. Der Hass zielt nicht nur auf Lebenserhaltung, sondern auf Lebenssteigerung, sein Wille zur Verneinung des Lebens ist auf der Täterseite Bejahung des Willens zum Leben. Wie Neid, Habsucht, Herrschsucht gehört der Hass unter die »lebensbedingende(n) Affekte« und damit unter »Etwas, das im Gesammt-Haushalte des Lebens grundsätzlich und grundwesentlich vorhanden sein muss, folglich noch gesteigert werden muss, falls das Leben noch gesteigert werden soll« (Nietzsche 1980, Band 5, S. 38).

Der Hass ist eine Kraft, die aus dem Menschen einen Übermenschen, einen Menschen macht, der den jetzigen transzendiert. Diesem Übermenschen ist der Mut eigen, das »Böse«, Negative absichtlich tun zu wollen, weil es getan werden muss, weil es ein Heilgift ist. Insofern ist die Un- und Antimoralität, die der Hass erzeugt, zu Zeiten durchaus sittlich gerechtfertigt und ethisch legitim. Wer sich positiv politisch behaupten will, muss lernen, nicht gut, ja bewusst böse sein zu wollen. Er muss freilich auch und zuallererst lernen, seinen Hass zu begrenzen und zu bemeistern, damit dieser nie absolut entgrenzt werden kann. Denn in der bestimmten Negation liegt die Kraft zur politischen Regeneration. Die mit dem Hass verbundene mögliche Katharsis ermöglicht nämlich nicht nur eine Reinigung, sondern durch die Entladung der Kräfte einen Neuanfang und eine Umordnung. Um neue Fundamente anlegen zu können, müssen mitunter die alten gesprengt werden – und dies muss sachgerecht und gekonnt geschehen.

Vom Standpunkt der politischen und religiösen Korrektheit mag es eine moralische Pflicht geben, gut sein zu müssen, aber diese Ethik des Gutseinsollens beruft sich selbst auf die Autonomie des Menschen und gerade die erfordert eine Haltung der Entscheidung und Selbstbestimmtheit, um den Anforderungen der Gegenwart gerecht werden zu können. Wer frei und autonom sein will, der wird dies nicht ohne dieses Pathos der augenblicklichen Entschiedenheit.

Aus Freiheit hassen

Freiheit im Sinne von Befreiung war auch immer Befreiung vom Gehassten. Freiheit ist gleichzeitig das Freisein von Hass, dem allzu oft das Streben der Befreiung von Gehassten entgegensteht. Die Freiheit steht gegen den Hass, sie wird jedoch vom Hass infiziert, wenn sie gegen ihn kämpft, und schlägt dann um in Unfreiheit, sowohl in Bezug auf die Anderen wie auch in Bezug auf sich selbst. Wenn der Hass grenzenlos wird, dann nichtet, vernichtet er total und führt zur Furcht vor dem Nichts, zur Angst – bei den Anderen wie auch in Bezug auf sich selbst.

Sowohl die positive Freiheit zu etwas wie auch die negative Befreiung von etwas haben etwas Gefährdendes und Ängstigendes an sich. Freiheit ängstigt, weil sie uns in die Möglichkeit und Fraglichkeit des Nichts hält, und diese Furcht vor dem Nichts, die Angst, macht uns hassen, insofern Hass als unbedingte Wut begriffen wird und Wut dagegen ein bedingter Hass ist.

Mit unbedingtem, entgrenztem Hass ist also Angst im Sinne von scheinbar nicht eindämmbarer, nicht fassbarer Furcht vor dem Nichts verbunden, während mit dem bedingten und begrenzten Hass Furcht vor etwas, also konkrete Angst, die fassbar und eingrenzbar ist, verknüpft ist. Wut und Zorn sind im Kontext des begrenzten Hasses auf etwas gerichtet. Entgrenzter Hass ist dagegen auf alles und nichts gerichtet: Wütend ist man auf etwas Bestimmtes, der Hass wütet gegen alles; der Zorn vergeht, der Hass nicht, der bleibt als verstegte Wut, die zu strategischem Hass-Handeln führen kann, dessen kategorischer Imperativ lautet: Töte so, dass sich alle daran ein Beispiel nehmen können.

Menschen haben Angst vor der Freiheit, weil sie Angst vor dem

Nichts haben, vor dem absoluten Ende, das kein Anfang ist, vor der Verwesung, die keine Auferstehung ist, und darum beginnen sie in Freiheit die Freiheit zu hassen.

Aber damit nicht genug: Die Freiheit ist wesentlich bestimmt durch Negativität. Aber durch die ihr eigene Negativität führt die Freiheit in die Unsicherheit, und deshalb ängstigt sie. Zur Angst vor der eigenen Freiheit kommt nun auch noch die Angst vor der Freiheit der Anderen, die als bedrohliche Fremde, als Feinde erscheinen. Rache, Hass und Krieg der einen gegen die anderen sind da vorprogrammiert, sie zentrieren und formieren sich mittels nationalistischer Parolen, in denen sich zugleich das religiöse und kulturelle Hasspotenzial aus der Zeit des Kalten Krieges neu formiert. Wenn Kulturen heute etwas eint, dann ist es der national und religiös überformte Hass auf die Fremden, der auf verschiedenen zivilisatorischen Niveaus überall anzutreffen ist.

Sicher, wo Hass ist, da ist Hunger nach dem, was man nicht hat, und Furcht vor dem Nichts-Haben, also Angst. Hinzu kommt aber die Tatsache, dass nicht nur die hassen, die hungern und die um das Nötigste kämpfen müssen, um überhaupt leben zu können, sondern dass der Hass auf die armen Fremden sich in einem Sozialstaatschauvinismus artikuliert, mit dem die, die durch den Sozialstaat überleben, die ausschließen wollen, die ebenfalls an diesem Sozialstaat teilhaben wollen. Dadurch wird nicht nur in Deutschland, sondern in allen Teilen Europas die Angst um die Freiheit allgemein – jeder hat Angst um die eigene Freiheit, und alle haben Angst vor der Freiheit der Anderen, Fremden.

Nun könnte man lakonisch sagen, dass Angst vor und um die Freiheit eben zu einer freien Existenz gehöre. Und zynisch könnte man bemerken, dass es sich um die typische Hysterie von Intellektuellen handle, die durch ihre dicken Brillengläser hindurch nichts anderes als Bedrohungen und Apokalypsen sehen. Aber damit ist es nicht getan. Denn die Freiheit stellt sich durch die Angst, die sie produziert, selbst in Frage, und ihre Möglichkeiten erscheinen als Offenheit für die totale Vernichtung, ihre Einschränkungen als totale Beschränkungen. Das Wagnis der Freiheit, das ängstigt, produziert derart Gegenängste, die sich positiv, lebensbejahend im Hass zu konzentrieren versuchen, indem sie das Leben der Anderen radikal verneinen.

Damit sich die Freiheit, die sich durch die Angst selbst bedroht, selbst aufheben kann, muss sie anscheinend hassen können, um sich in aller Angst illusionär auf die Feinde der Freiheit konzentrieren zu können. So hebt sich die Freiheit, die ängstigt, in der Unfreiheit des Hasses auf. Die Angst vor der Freiheit, die sich im wachsenden Illiberalismus sozialer Bewegungen von rechts wie von links artikuliert, gebiert die Unfreiheit, die von der ängstigenden Freiheit befreit. Der Kampf gegen die Angst wird zum Krieg gegen die Freiheit, die ängstigt. Der Sieg über die Freiheit, die ängstigt, wird zur Zerstörung der Freiheit. So wird die Freiheit gefressen von der Kraft, die ihr scheinbares Chaos ordnet und entproblematisiert: dem Hass. Dies aber wird nur möglich, weil der Hass als menschliche Möglichkeit, die von anderen menschlichen Möglichkeiten begrenzt wird, implizit eine positive Utopie enthält, nämlich die, ohne Angst verschieden sein zu können, und die, dass Freiheit darin besteht, ohne Angst vor dem Anderen leben zu können.

Es ist also ein Irrtum anzunehmen, dass nur nationale, politische, kulturelle und religiöse Abgeschlossenheit und damit verbundene Unfreiheit Hass erzeugen. Auch eine offene, plurale Gesellschaft mit ihrer notwendigen Unsicherheit und Unordnung erzeugt mit Sicherheit außerordentlichen Hass, der gerade dadurch fasziniert, dass er Ordnung verspricht – freilich mit außerordentlichen Mitteln.

Rolf Haubl und Volker Caysa

Briefwechsel

Lieber Volker,
ich habe Deine Überlegungen zum Hass mit Gewinn gelesen. Danke. Da wir verabredet hatten, unsere Neugier zu zügeln und den eigenen Beitrag ohne Kenntnis des Beitrags des anderen zu schreiben, bin ich erstaunt, dass wir ähnliche Phänomene aufgreifen und sie alles in allem auch ähnlich kommentieren. Ein Unterschied in der Architektur unserer Beiträge scheint mir darin zu bestehen, dass ich eher einen Überblick versucht habe, während Du von einer pointierten Position aus schreibst. Dadurch wird mir nicht recht klar, welche Rolle der Hass in der Philosophiegeschichte generell spielt. Dieser Selektivität auf Deiner Seite steht auf meiner Seite die Tendenz gegenüber, mich nicht mit einer akademischen Emotionspsychologie zu begnügen, sondern immer schon einen interdisziplinären Fokus einzurichten und durchzuhalten. Was uns sicher verbindet, ist das Anliegen, den Hass von einer vorschnellen Moralisierung zu befreien, ihm seine »Würde« zurückzugeben, um auf einen Deiner Leitbegriffe anzuspielen. Bevor ich darauf zu sprechen komme, wahrscheinlich in einem weiteren Brief, um den heutigen nicht zu überfrachten, möchte ich eine konzeptuelle Klärung einfordern:

Du bezeichnest Hass als ein »Existenzial«, was ich mir als anthropologische Disposition übersetze. In ihm manifestiere sich wie in allen »Existenzialen« – also auch in der Liebe? – der »Wille zur Macht«. Nun weiß ich in etwa, was Nietzsche damit meint, möchte Dich aber dennoch um eine Erläuterung für den vorliegenden Zusammenhang bitten. Schwierigkeiten bereitet es mir, den genauen Stellenwert der emotionalen Konzepte zu erkennen, die Du gebrauchst. Wenn ich Hass (und Liebe) als einen Modus des emotionalen Erlebens und Handelns bezeichne, dann will ich ihn damit von (phylogenetischen) Basis-Emotionen abheben, deutlich machen, dass er sehr viel komplexer ist. Du sprichst an diesem Punkt von einer »Daseinsstimmung«. Wie genau verhält sich Stimmung zu Affekt und Gefühl, wobei Du Gefühl und Leidenschaft gleichsetzt? In meinem Sprachgebrauch ist Emotion der Oberbegriff. Affekte sind Emotionen mit genau der Dynamik, die Du beschreibst, während ich Gefühle als re-flektierte Emotionen betrachte – Emotionen, die als differentielle Emotionen (und nicht bloß als diffuse Empfindungen) zu Bewusstsein kommen. Sie wirken dauerhafter als Affekte, aber noch nicht so verstetigt wie Leidenschaften. Stimmung ist die emotionale Tönung des Erlebens und Handelns – als gefühlsmäßige Tönung, nicht als affektive. Würde man von einer affektiven Stimmung sprechen, käme mir ein solcher Sprachgebrauch als Kontradiktion vor. Die gebräuchliche Wendung, »in« einer Stimmung zu sein, verweist auf eine durchgehende Tönung, die den ganzen Menschen erfasst, mehr oder weniger dauerhaft, da Stimmungen »verfliegen« können. Stimmung ist eine Art emotionaler – gefühlsmäßiger – Hintergrund, den ich – im Vergleich mit Leidenschaft – nicht mit einer hohen verstetigten Intensität in Verbindung bringe. Andererseits ist »Daseinsstimmung« im Unterschied zu meinem sehr viel abstrakteren und kognitiveren Begriff des Modus (alternativ: Einstellung, Haltung) deutlich emotionaler.

Ich will keinen Streit um Begriffe beginnen, zumal die begriffliche Verwirrung auf dem Feld der Emotionspsychologie bereits groß genug ist. Wahrscheinlich müssen wir einfach mit begrifflichen Unschärfen leben. Dennoch gilt Wittgensteins Diktum, dass die Bedeutung eines Wortes der (jeweilige) Sprachgebrauch ist. Deshalb möchte ich Dich anregen, noch einmal den Versuch zu machen, Deinen Sprachgebrauch von »Stimmung« zu präzisieren: ob Hass immer eine Stimmung ist oder nur unter bestimmten – welchen? – Bedingungen.

Aufgreifen möchte ich für meinen ersten Brief noch Deine Überlegungen zur »Hassentgrenzung«. Deine Ansicht, dass entgrenzter Hass, besser noch: der Prozess der Entgrenzung von Hass vitalisierend, euphorisierend, ja sogar erotisierend erlebt werden kann, mithin eine selbstbelohnende Funktion hat, zumindest so lange, bis er selbstschädigend wird, teile ich. Das ist wohl auch ein Teil der Erklärung, warum jemand, der so erlebt, nur schwer von seinem Hass abzubringen ist. Worin aber besteht die Belohnung? Du gibst als eine Antwort, ähnlich wie Freud, wenn er die fortbestehende »Kulturheuchelei« der meisten Menschen diagnostiziert, dass in der Entgrenzung des Hasses die zivilisatorischen Hemmungen fallen, von der sich Menschen im Dienste der Luststeigerung immer schon zu befreien suchen. Bei Dir klingt das nach einem Willensakt, nach bewusstem Kalkül. Das suggeriert, als sei der Hassende Herr seines Hasses. Ich denke dagegen, das entgrenzt Hassende getrieben sind, mithin nur bedingt Einsicht in die Psychodynamik haben, die ihnen zu einer vorübergehenden Kontrollillusion verhilft.

Auch sprichst Du von einem Hass, der vorzivilisatorisch sei. Für den muss es dann einen anderen Belohnungsmechanismus geben!? Aber davon abgesehen: Du spielst mit der Vorstellung, dass der Hassende »zum Tier« wird. Zwar legt unsere Alltagssprache eine solche Vorstellung nahe, aber wie sieht es tatsächlich mit einer Naturgeschichte des Hasses aus? Können Tiere hassen? Ich denke: Nein. Hass ist dem Menschen vorbehalten. Und wie steht er zur Zivilisationsgeschichte?

Ich vermute, dass das alles Fragen sind, die sich leichter stellen als beantworten lassen. Aber die Richtung, in der Du nach einer Antwort suchen würdest, interessiert mich schon.

Herzliche Grüße
Rolf

Lieber Rolf,

alle von Dir angesprochenen Fragen gründlich und ausführlich zu beantworten, hieße im Grunde meinen Essay über den Hass neu zu schreiben. Darum muss ich mich angesichts der gebotenen Kürze nur mit weiterführenden Anmerkungen begnügen.

Welche Rolle spielt der Hass in der Geschichte der Philosophie? Explizit eine anscheinend geringe, implizit eine sehr große. Eine explizite Geschichte der Philosophie des Hasses hätte spätestens mit der Bestimmungen des Hasses im zweiten Buch der »Rhetorik« des Aristoteles zu beginnen. In der antiken Philosophie ist die Analyse des Hasses nicht von der des Zornes zu trennen, aber auch nicht auf die Analyse des Zornes zu reduzieren, wie es in Peter Sloterdijks neuem Buch »Zorn und Zeit« geschieht. Mit der Entstehung christlich-mittelalterlichen Philosophierens beginnt eigentlich die Geschichte der Tabuisierung des Hasses zugunsten einer Superdominanz des Begriffs der Liebe, die einen ihrer Höhepunkte bei dem »Hassprediger« Bernhard von Clairvaux feierte und die im Grunde fortgesetzt wird von der humanistischen Philosophie der Aufklärung, der Kant'schen Philosophie (1790, 1798) und auch von Hegel, bis hin zu Feuerbach (1841) und dem jungen Marx der »Ökonomisch-philosophischen Manuskripte«. Einen Einbruch im wahrsten Sinne des Wortes im deutschen-humanistischen Philosophieren stellt im Grunde die Niederlage Preußens gegenüber Napoleon im Jahre 1806 dar, was sich vor allem in Fichtes »Reden an die deutsche Nation« wie auch in Kleists »Hermannschlacht« dokumentiert. Besonders bei Kleist wird der Hass nun auch positiv und als produktive Stimmung diskutiert, um sich national zu befreien.

Diese Linie der expliziten positiven Bestimmung des Hasses im nationalen Kontext setzt der »gute Europäer« Nietzsche nicht fort. Ihm geht es aber gerade in Gegensatz zur Liebesreligion des Christentums (und des Humanismus) um eine vom Ressentiment freie Analyse des Hasses. Eine entmoralisierte Analyse des Hasses, die die Macht des Hasses jenseits vorausgesetzter Bewertungen von dem, was als »gut« und »böse« gemeinhin gilt, beginnt erst mit Nietzsche, sie wird dann aber von Max Scheler (1917, 1923) mindestens partiell wieder zurückgenommen.

Mit der Bestimmung des Hasses als Existenzial knüpfte ich an Heideggers existenziale Analytik an, vereindeutige sie aber in einer wichtigen begrifflichen Bestimmung. Denn Heidegger will in »Sein und Zeit« (1927/1986) die ontologische Befindlichkeit gegenüber der ontischen Stimmung auszeichnen, was er selbst dort nicht durchhält. In seinem späteren sogenannten zweiten Hauptwerk »Beiträge zur Philosophie (Vom Ereignis)« spricht Heidegger dann aber selbst von »Leitstimmung« und »Grundstimmung« und favorisiert damit wieder den Begriff der Stimmung, um die Existenzialität des Daseins zu erfassen, was sich ebenfalls in der von mir zitierten Nietzsche-Vorlesung vom Wintersemester 1936/37 findet. Als Existenziale bezeichne ich daher Daseinsstimmungen, die unser Dasein grundlegend bestimmen.

Stimmungen selbst sind nicht nur durch Macht bestimmt, sondern durch den Willen zur Macht, was nicht gleichgesetzt werden darf mit dem Streben nach Herrschaft. Was ist Macht? Macht im elementaren Sinne ist die Möglichkeit, etwas zu bewirken. Dass Stimmungen in diesem Sinne Macht sind, dürfte einsichtig sein. Aber wieso ist ihnen ein Wille zur Macht eigen? Weil Stimmungen ein über die bloße Selbsterhaltung hinausgehendes Streben nach Selbststeigerung, nach Selbstintensivierung eigen ist, also ein Vitalstreben, das nicht biologistisch, sondern kulturalistisch zu verstehen ist, das es ermöglicht, dass wir unser Dasein über uns hinaus schaffen. Der Wille zur Macht meint also nicht bloß das Verfügen über Möglichkeiten, sondern das dem sich verwirklichenden Möglichen innerliche Streben, das sich seiner nicht bewusst sein muss, sich in seinen wirklichen Möglichkeiten selbst zu transzendieren auf eine Möglichkeit hin, die noch nicht oder nicht mehr ist. Dieses den Stimmungen innere Streben nach Selbststeigerung bewegt sich selbst im Spannungsfeld von Lust und Unlust, von Unbewusstem und Bewusstem, von Affektivität und Leidenschaft, von Eros und Thanatos, was dazu führen kann, dass dieses innere Streben nach Selbstermächtigung von bisher nicht Möglichem, von anscheinend Unmöglichem im Feld des Möglichen, sich gegen die Selbsterhaltung richtet und ein Sein zum Tode wird.

In diesem Kontext wird klar, warum ich den Hass tatsächlich vitalisierend, euphorisierend und erotisierend verstehe und warum auch die Möglichkeit der Selbstschädigung per Selbsttötung vom Hass nicht abzubringen vermag: weil es eine Form des Erlebens von Selbstmacht im Hasserleben gibt, die nicht zu steigern ist – die Möglichkeit der Ekstase, die eben nicht nur als enthemmte Dionysisierung auftritt, sondern bei den aus Kalkül Hassenden mit inszenierender Apollinik verbunden ist.

Die Entlohnungsmechanismen beim dionysisch-barbarisch entgrenzten, in diesem Sinne »vorzivilisatorischen« Hass und beim apollinisch stilisierten Hass sind also tatsächlich andere. Nur die Belohnung ist die dieselbe: der ekstatische Sieg.

Dein Ansatz scheint mir die zivilisationstheoretische Annahme vorauszusetzen, dass Selbsterhaltung per se der höchste Wert unserer Kultur ist. Aber in welchem Verhältnis steht die Selbsterhaltung zur Selbststeigerung? Es gibt keine Selbsterhaltung ohne Selbststeigerung, wie es keine Reproduktion ohne erweiterte Reproduktion gibt und wie es keinen Machterhalt ohne Machtsteigerung gibt. Auch insofern gibt es keine Macht ohne den Willen zu mehr Macht.

Nun zum sehr schwierigen Problem des Verhältnisses von Stimmungen, Affekten und Gefühlen. Das Hauptproblem scheint mir zu sein, dass Dein Begriff des Gefühls als »re-flektierte Emotion« von vornherein Gefühle bewusstseinsphilosophisch einengt und daher sie immer schon intellektualistisch zivilisiert erfasst. Mich interessiert aber die davor- und darunterliegende Grundschicht, die Bedingung der Möglichkeit reflektierter Emotionalität ist, mich interessieren die den reflektierten Subjekt-Objekt-Verhältnissen vorgängigen Emotionen, und deshalb verwende ich den Begriff der Stimmungen als Oberbegriff. Dabei geht es gerade darum, der alltäglichen Gleichsetzung von Gefühl, Leidenschaften und Affekten zu entkommen, indem ich den Begriff des Gefühls doch stark einschränke auf Leidenschaften, die durchaus das sein können, was Du reflektierte Emotionen nennst. Wobei ich eben der Auffassung bin, dass reflektierte Emotionalität schon ein sehr hochstufiges (End-)Produkt empraktischer Emotionalität ist, die als vorgängige nicht re-flektiert ist, obwohl sie reflexiv ist. Es gibt also nach meiner Auffassung eine empraktische Emotionalität als Grundschicht unserer re-flektierten Emotionalität, die reflexionslos selbstbezüglich ist, die ich mit dem Begriff der Stimmung zu thematisieren versuche. Darum ist für mich auch der Begriff der Stimmung der ontologisch tieferliegende gegenüber Deinen Begriffen der Emotion und der Stimmung. Es ist klar, dass »affektive Stimmung« für mich daher keine Kontradiktion ist, weil nach meiner Philosophie der Gefühle die langanhaltenden Stimmungen, also die Leidenschaften als Gefühle im eigentlichen Sinne (!),

Affekte als kurzzeitig hereinbrechende Stimmungen zur Möglichkeits- wie auch zur Verwirklichungsbedingung haben.

Du scheinst mir dagegen gerade bei den Stimmungen zu stark zwischen Gefühl und Affekt zu trennen. Damit wird dann aber auch der Zusammenhang von Affekten wie Wut und Zorn und dem »großen Gefühl« Hass getrennt, den Du aber selbst als grundlegend für Deine Analyse des Hasses betrachtest. Außerdem: Können nicht auch Stimmungen plötzlich wechseln, nicht nur innerhalb eines Tages, sondern innerhalb von Stunden, ja Minuten? Sie sind dann nicht nur »verflogen«, sondern sie sind einfach weg, plötzlich weg, in einem Augenblick! Nach dem Gesagten ist es nur konsequent, dass ich tatsächlich der Auffassung bin, dass der virtuos Hassende sogar seine Affekte so gekonnt selbsttechnologisch einzusetzen vermag, dass er sich kurzzeitig enthemmt und doch nicht in dieser kurzzeitigen Entgrenzung sich gänzlich enthemmt, sondern die Dynamik der Enthemmung rational wieder einholt.

Selbst also, wenn wir hochkalkuliert hassen, brauchen wir eine mindestens kurzzeitige, »wilde«, anscheinend noch nicht zivilisierte und in diesem Sinne »vorzivilisatorische« Affektivität als Initialzündung. In diesem Sinne wird der zivilisierte Mensch wieder zum »Tier«, wenn er seinen Hass unmittelbar umsetzen will. Er muss mindestens kurzzeitig konzentriert die Regeln unserer Zivilisiertheit durchbrechen, in diesem Sinne »Tier« unter Menschen werden, um sie zu zerstören, denn alle Regeln unserer Zivilisation sind im Grunde darauf abgestellt, gerade mit (moralischen) Regeln eben den Hass zu verhindern, der die Selbsterhaltung einer humanen Zivilisation angreift. Also: Tiere können nicht hassen, aber der nicht festgestellte Mensch kann hassen, *als ob* er ein Tier sei, und zeigt sich dadurch dem Tier überlegen, denn das kann nicht wie ein Mensch hassen.

Vielleicht zeigt sich gerade im Hass, dass es nichts Gewaltigeres als den Menschen gibt.

Herzlich,
Volker

Lieber Volker,

einerseits verstehe ich nach Deinem Brief besser, warum Du als Grundbegriff den Begriff der Stimmung gewählt hast, andererseits bleibt aber ein unterschiedlicher Sprachgebrauch. Wenn ich von Emotionen spreche, dann meine ich damit verschiedene vorzivilisatorische, wenn Du so willst: gattungsgeschichtliche Dispositionen, die verschiedene Verhaltensweisen auslösen, »in Bewegung setzen« (e-motio). Dieses Repertoire von – in Deinem Sprachgebrauch – empraktischen Verhaltensweisen wird soziokulturell ausgestaltet. Affekte sind Emotionen mit einer bestimmten, primär unbewussten hohen (triebhaften) Intensität und zyklischer Verlaufsdynamik, mit der sie sich von Stimmungen unterscheiden. Die können zwar auch eine hohe Intensität – zum Beispiel im Falle einer »aufgekratzten« oder manischen Stimmung – haben, sind von ihrer Verlaufsdynamik her aber stetiger. Leidenschaften wären dann intensive Stimmungen mit besonderer Stetigkeit. Der erste Schritt der Bewusstwerdung besteht darin, dass Emotionen – Affekte und Stimmungen – gefühlt werden. Indem Menschen fühlen, werden sie ihrer gewahr. Gewahr gewordene Emotionen lassen sich reflektieren, was sie zu – sprachlich codierten und differenzierten – Gefühlen macht. Insofern sind Gefühle im Unterschied zu Emotionen immer schon zivilisiert(er). Was den Hass betrifft, so postulieren Neurowissenschaftler (z. B. Panksepp 1998) als vorzivilisatorisches, gattungsgeschichtliches Verhaltensprogramm ein »RAGE-System«, dem sich Hass als eine komplexe, gleichermaßen emotionale wie kognitive Entwicklungsstufe zurechnen lässt, weshalb ich von einem Modus emotionalen Erlebens und Handelns spreche. Als ein solcher Modus ist Hass weit weniger primitiv oder ursprünglich als Wut.

So wie ich Dich verstehe, versuchst Du eine ähnliche Begriffsarchitektur, eben von einem anderen Grundbegriff aus. Da Begriffe keine Abbilder von Wirklichkeit sind, ist es wohl müßig, über ihren richtigen Gebrauch zu streiten. Sicher gibt es verschiedene Begriffsarchitekturen, die ähnlich tragfähig sind. Ich will es deshalb mit meinen Anmerkungen zur Begrifflichkeit bewenden lassen und ein anderes Thema ansprechen, dass mich beschäftigt:

Beim Stöbern in meinen Bücherregalen bin ich auf ein Buch von David Becker gestoßen, dass einen Titel trägt, der in unserem Sinne sein dürfte: »Ohne Hass keine Versöhnung« (1992). Becker berichtet darin von seiner Arbeit als Traumatherapeut in Chile, wo er Opfer der chilenischen Militärdiktatur behandelt hat. Was er an Psychopathologien antrifft, steht in Gefahr, medizinalisiert und dadurch entpolitisiert zu werden. Deshalb interpretiert er sie konsequent als Abwehr unerträglicher Gewalterfahrungen, unter denen nicht nur die unmittelbar Betroffenen leiden, sondern die ganze Bevölkerung. Wenn er seinem Buch den genannten Titel gibt, ist damit eine Formel gefunden, die für alle vergleichbaren Situationen weltweit gelten dürfte: Opfer müssen zu ihrem Hass finden, um ihre traumatischen Erlebnisse psychisch integrieren zu können. Gleiches gilt gesellschaftlich. Ohne sich dem Hass in der Bevölkerung zu stellen und ihn anzunehmen, misslingt die Pazifisierung, die für den Übergang von einer Diktatur in eine Zivilgesellschaft notwendig ist. Dabei sehen sich die Opfer aufgefordert, ihren Hass zu begrenzen, damit sie das Ziel der »Versöhnung« nicht verfehlen, also die erlebte Entgrenzung des Hasses nicht mit neuerlicher Entgrenzung zu vergelten. Diese zivilisierende Begrenzung des Hasses wird durch eine wohlfeile Moralisierung des Hasses verhindert: Wer den Opfern das Recht bestreitet, die Täter zu hassen, oder meint, ihnen vorschreiben zu können, wann es mit ihrem Hass genug sei, schreibt ihren Status als Opfer fest. Auf diesem Hintergrund stimme ich Dir vorbehaltlos zu, dass Hass der Wiederherstellung der Menschenwürde dient, was durch seine Moralisierung im Dienste der Menschenliebe leicht verkannt wird. Dabei fällt mir eine ähnlich strukturierte Formel ein, die gerne von psychoanalytischen Kolleginnen oder Kollegen gebraucht wird: »Wer nicht lieben kann, muss hassen«. Sie meint empirisch triftig, dass lieblose Beziehungen den entwicklungspsychologischen Keim für Hass legen. Ich denke, die Formel gilt auch umgekehrt: »Wer nicht hassen kann, muss lieben« – ist gezwungen, zu lieben, was ihn in Ketten schlägt, wo nur befreiter Hass die Ketten zerreißen könnte.

Dennoch ist mir nicht ganz wohl dabei, wenn ich das schreibe, da ich diese Position als theoretische Einsicht formuliere, selbst aber nie in einer vergleichbaren Situation gewesen bin. Ich habe während des Schreibens an meinem Text versucht, mich in Hassende hineinzudenken und hineinzufühlen, die eigenen Erfahrungen, an die ich anknüpfen kann, tragen aber nicht weit. Was ich wahrnehme, ist meine und Deine Faszination, über die ich erschrecke. So sehr ich Dir zustimme, so sehr irritiert mich die Sprache, in der Du über den Hass schreibst, in der Du ihn – ich will es pointiert sagen – zu feiern scheinst. Dagegen sind die Töne leise, mit denen Du gegen ihn Einspruch erhebst. Wie kommt das? In meinem Text gibt es vor allem eine ähnliche Passage. Es sind die Seiten, auf denen ich über Massaker schreibe. Ich tue das in Anlehnung an Walter Sofskys Beschreibungen – und in seinem Stil. Nun kann man einen solchen Stil rechtfertigen, indem man darauf verweist, Aufklärung verlangt, unerschrocken und dadurch genau hinzusehen. Wie geht eine solche Zeugenschaft aber mit dem Mitgefühl für die Opfer zusammen? Ist der mitleidlose Zeuge, zumal dann, wenn er das, was er bezeugt, selbst nur aus Büchern kennt, ein angemessenes Rollenmodell, um über die Gewalt entgrenzten Hasses zu schreiben? Ich bin mir unsicher geworden. Vielleicht ist es psychisch leichter, sich in die Täter zu versetzen, weil wir selbst noch im Schreiben abwehren, Opfer zu sein.

Ich grüße Dich herzlich,
Rolf

Lieber Rolf,

begriffslogisch haben wir wohl jetzt in Bezug auf unsere beiden Positionen Klarheit gewonnen. Mir ist jetzt bewusst geworden, dass Du anscheinend zwischen Gefühlen erster Ordnung, den gewahr gewordenen, gefühlten Emotionen, und Gefühlen zweiter Ordnung, den reflektierten Gefühlen unterscheidest. Jetzt ist mir auch klar, warum Du in Deinem Verständnis durchaus das Problem der empraktisch gegebenen Stimmungen abzudecken vermagst. Im Anschluss daran will ich vorschlagen, in zwei verschiedene Wissensformen von Stimmungen zu differenzieren: Affekte und Gefühle – nämlich empraktisches Wissen, das noch nicht theoretisch reflektiert ist, und praktisches Wissen, das immer schon theoretisch reflektiert ist.

Nur scheue ich mich jetzt, obwohl ich selbst damit gespielt habe, Emotionen oder Stimmungen »vorzivilisatorisch« zu nennen oder gar auch den Hass als weniger primitiv als die Wut zu bezeichnen, weil dadurch selbst schon wieder eine Wertung und möglicherweise Moralisierung in die Analyse von Emotionen und Stimmungen hineinkommt, die wir ja wohl gerade freilegen und vermeiden wollen.

Vielmehr meine ich, dass es sich hier um die empraktische Grundschicht all unserer Praxis, um den dionysischen Grund unserer Zivilisation jenseits von Gut und Böse handelt, der als solcher immer schon zu dieser Zivilisiertheit gehört, sie begründet, reproduziert und daher im strengen Sinne nicht vorzivilisatorisch, sondern innervorzivilisatorisch zu nennen wäre, der aber als Grenze der Zivilisation und des Zivilisierbaren als außerzivilisatorisch erscheint.

Nun aber zum Problem der Befreiung vom Hass durch befreienden Hass. Gerade die authentische Marx'sche Linke, vor allem Lukács (1923), Benjamin (1974), Bloch (1990) und Brecht, setzt an die Stelle von »Glaube – Liebe – Hoffnung« »Erinnerung – Hass – Revolution«. Denn angesichts des Elends, der Unterdrückung, der Ausbeutung und der Ungerechtigkeit in der Welt gab es für sie ein Gewaltrecht des Guten. Die authentische Marx'sche Linke kehrt damit wieder nach dem Tode des (christlichen) Gottes zum »Ereignis aus dem Stamme jenes Baumes der Rache und des Hasses, des jüdischen Hasses – des tiefsten und sublimsten, nämlich Ideale schaffenden, Werthe umschaffenden Hasses, dessen Gleichen nie auf Erden dagewesen ist« zurück, aus dem, nach Nietzsche, »etwas ebenso Unvergleichliches« herauswuchs: »eine neue Liebe, die tiefste und sublimste aller Arten Liebe« (Nietzsche 1980, Band 5, S. 268), die in Übereinstimmung mit Jesus von Nazareth und Kant in Marx' Kategorischen Imperativ sich fokussiert, »alle Verhältnisse umzuwerfen, in denen der Mensch ein erniedrigtes, ein geknechtetes, ein verlassenes, ein verächtliches Wesen ist« (Marx 1981, S. 385).

Das meint meine »Feier« des Hasses, und zu dieser Art des nichtchristlichen Humanismus stehe ich auch. Wer wirklich radikaler Humanist ist, muss zu seinem Hass »Ja« sagen können, und Du beschreibst das selbst anhand der Aufarbeitung des Hasses nach der Pinochet-Diktatur in Chile.

Aber es spielt tatsächlich noch etwas anderes eine Rolle. Du betonst sehr feinsinnig, dass Du während Schreibens an Deinem Text versuchst hast, Dich »in Hassende hineinzudenken und hineinzufühlen«.

Damit scheinst Du anzudeuten, dass Deine und meine Faszination vom Hass eine unterschiedliche ist. Du scheinst den Hass nicht von innen zu kennen, er scheint Dir etwas Fremdes zu sein, darum musst Du Dich mit Hilfe anderer Autoren (hier Sofsky) hineindenken. Ich scheine dagegen direkt aus dem »Herzen der Finsternis« zu sprechen, ich scheine philosophisch zu stilisieren, was ich tief im Inneren erfahren habe. Warum ich mich da im Recht sehe, habe ich oben zum Problem des Hasses aus radikalem Humanismus heraus begründet.

Es kommt aber noch etwas anderes hinzu, was uns wohl als Freunde, wenn ich das nach all den Jahren erfolgreicher Zusammenarbeit einmal so pathetisch sagen darf, nicht betrifft, wohl aber als Bürger eines Landes, das uns auf Grund unserer Herkunft auf Rollen festlegt und in dem man bis in die Karrierestrategien und deren Bewertung immer noch sehr genau zwischen West- und Ostdeutschen nicht nur unterschiedet, sondern trennt. Daher kommt es, dass ich vor einem anderen Erfahrungshintergrund spreche – es gibt so viele durch die Wende gebrochene ostdeutsche Biographien, die ich aus der Nähe kenne.

Das hängt wesentlich damit zusammen, dass als Mittel zur Verhinderung einer eigenständigen ostdeutschen intellektuellen Kultur eine Vergangenheitsbewältigung installiert wurde, die die ostdeutsche Erinnerung kolonialisiert. Immer wieder erlebe ich Situationen, in den mir »gute« Bundesdeutsche die »böse DDR« erklären und oft dabei gar nicht merken, dass sie über mein Leben reden – und vor allem urteilen.

Man gewinnt seit Jahren den Eindruck, dass von altbundesdeutscher Seite und vor allem von ehemaligen Dissidenten und Altlinken ein erinnerungspolitischer Rachefeldzug gegen die »Ex-DDR« geführt wird, mit dem Ziel, das kollektive Gedächtnis in Bezug auf die DDR zu besetzen, sich seiner eigenen »Größe« zu vergewissern und jede Veränderung abzuwehren, mit dem Hinweis, man schaue sich doch dagegen die DDR an ... Wer dem von altbundesdeutscher Seite widerspricht, wie zum Beispiel Lutz Niethammer, wird als Nestbeschmutzer behandelt und durch öffentliche Diffamierung daran erinnert, woher er kommt und auf welcher Seite er zu stehen hat.

Die dabei sich hervortuenden Politiker, Intellektuellen und Journalisten handeln ganz und gar im Geiste der Priester, die nach Nietzsche eben nicht nur die »ganz grossen Hasser in der Weltgeschichte«, sondern auch die »geistreichsten Hasser« waren.

Opfer zu sein ist tatsächlich das Letzte, was man in seinem Leben, wohl unausweichlich, wird. Aber eben das Letzte des Lebens und nicht das Leben. Wer lebt, kämpft um seine Würde, sonst hat er kein Anrecht auf Würde und Leben. Darum muss man unter Umständen hassen, gerade weil man lieben möchte.

Eine frohe Weihnacht wünscht Dir
Volker

Lieber Volker,

noch kommen wir nicht ganz zusammen. Mit Deiner Unterscheidung zwischen empraktischem und praktischem Wissen eröffnest Du einen neuen Schauplatz für Begriffsklärungen. Denn in der Tradition des Konzepts eines »tacit knowledge«, wie es M. Polyani vertritt, ist praktisches Wissen ein präreflexives Können, also empraktisch. Aber ich würde weitere Begriffsklärungen gerne bei Seite lassen, weil mich Deine Begründung, warum Du so vehement für den Hass Partei ergreifst, sehr viel mehr beschäftigt. Sie berührt mich, weil ich mir die demütigenden Erfahrungen, die Du skizzierst, ganz gut vorstellen kann, auch wenn ich sie mehr ahne, als dass ich um sie weiß.

Ich finde es couragiert, aber notwendig, über solche Erfahrungen so offen zu schreiben, zumal Du damit eine ganze Generation von DDR-Bürgerinnen und DDR-Bürgern, insbesondere Intellektuelle, ich denke aber nicht nur, vertrittst. Eurer Geschichte und damit immer auch Euren Lebensgeschichten droht ein Verstummen, weil sie abgewickelt statt bewältigt werden sollen. Dass dies Hass schürt, nicht zuletzt bei authentischen Sozialistinnen und Sozialisten, ist mir vertraut. Ohne mir einen direkten Vergleich anmaßen zu wollen, erlebe ich auch die linke und rechte Mythologisierung der Schüler- und Studentenbewegung als eine Enteignung erlebter Geschichte, die mich ärgert, aber nicht hasserfüllt sein lässt. Mir ist schon damals der Hass auf das »Schweinesystem« fremd geblieben. Ich reagiere eher melancholisch, dadurch aber auch sehr viel handlungsgehemmter, was ich nicht selten als Schwäche erlebe. Aber vielleicht ist Melancholie eine Seite nicht gelebten Hasses. Dürers Melancholie-Figur stützt ihren Kopf auf eine zur Faust geballte Hand! (Ich sitze gerade an einem Aufsatz, der seinen Ausgangspunkt von Dürers Kupferstich nimmt, deshalb fällt mir dieser Bezug wohl ein.) Wovon hängt es ab, wer hasst und wer melancholisch reagiert?

Du lässt Deinen Brief mit dem unerfüllten Wunsch zu lieben enden. Das bringt mich dazu, noch einen genaueren Blick auf die Liebe werfen zu wollen: die erotische Liebe wie die Menschenliebe. Auch wenn wir in unseren beiden Texten den vielfältigen Verflechtungen von Hass und Liebe meiner Meinung nach zu wenig Raum geben, sind wir uns einig, dass wir es nicht einfach mit Entgegensetzungen zu tun haben. Jeder von beiden Modi emotionalen Erlebens und Handelns kann dem anderen die Maske liefern, die ihn entstellt zum Ausdruck bringt. Damit ist eine Verwirrung der Gefühle wahrscheinlich. Eine solche Verwirrung und deren Entwirrung finden sich in einer kleinen Novelle, die Johann Wolfgang Goethe in seine »Wahlverwandtschaften« (im zehnten Kapitel des Zweiten Teiles) eingearbeitet hat. Du kennst sie und erinnerst Dich vielleicht an »Die wunderlichen Nachbarskinder«. In dieser Novelle erweist Goethe sich als Vorläufer der Psychoanalyse, indem er Leidenschaften eine unbewusste Dynamik zuschreibt, die mehr Macht über die Menschen hat als ihr Verstand und alle gesellschaftlichen Konventionen.

Ein Mädchen und ein Knabe verbringen einen großen Teil ihrer Kindheit und Jugend miteinander. Entgegen der Hoffnung ihrer beider Familien, aus ihnen werde später einmal ein Ehepaar, deutet erst einmal gar nichts darauf hin. Vor allem das Mädchen fühlt offensichtlich nur Hass gegen den Knaben, allerdings einen Hass, der sie nicht dazu bewegt, ihm aus dem Wege zu gehen. Sie suchen einander, um einander zu bekämpfen. Diesen Hass, der in der Pubertät besonders stark wird, interpretiert Goethe als eine von beiden erregt erlebte, aber nicht begriffene oder besser noch: vor dem eigenen Begehren zurückschreckende »erste Leidenschaft«. Ihr Höhepunkt ist eine Szene während eines Kampfspiels, in welcher der Knabe das Mädchen überwältigt und ihr mit seinem seidenen Halstuch die Hände auf den Rücken bindet. Zwar wird dieses Ereignis ihr zum Anlass, ihn fortan bewusst zu meiden, unbewusst lenkt diese Szene aber ihre weitere psychosexuelle Entwicklung. Sie spürt die Bedeutung ihres Hasses, da fortan »nichts um sie herum [war], dass wert gewesen wäre, ihren Hass zu erregen«. Damit weist Goethe den Hass des Mädchens als eine ins Gegenteil verkehrte leidenschaftliche Liebe aus.

Das Mädchen wächst zu einer jungen Frau heran und verlobt sich mit einem Mann, der um sie wirbt. Ihr Gespiele aus Kinder- und Jugendtagen scheint vergessen. Als sie ihn wieder trifft, erinnern sich beide an ihren früheren »neckischen Hass«, den sie als kindisch abtun. Wenn Goethe schreibt, »sie war des Hasses unfähig geworden«, lässt er gleichzeitig aber depressive Untertöne anklingen. Das Mädchen begehrt ihren Verlobten nicht. Ihn zu heiraten hieße, ihre wahre Liebe zu verraten, deren Objekt ihr einstiger Gespiele ist. Noch ahnt sie es mehr, als dass es ihr bewusst wäre. Je mehr es ihr zu Bewusstsein kommt, desto verzweifelter wird sie. Zum einen ist sie mit ihrer Verlobung eine Verpflichtung eingegangen, die sich nicht ohne Weiteres lösen lässt, zum anderen merkt ihr einstiger Gespiele nicht, dass sie ihn liebt. Als er seine Abreise ankündigt, sieht sie ihn auf immer verloren und beschließt, sich das Leben zu nehmen. In diesem beabsichtigten Selbstmord sind Fremdhass und Selbsthass eng verschränkt: Sie will sich das Leben nehmen, um ihm lebenslange Schuldgefühle zu bereiten: »Sie beschloss zu sterben, um den ehemals Gehassten und nun so heftig Geliebten für seine Unteilnahme zu strafen und sich, indem sie ihn nicht besitzen sollte, wenigstens mit seiner Einbildungskraft, seiner Reue auf ewig zu vermählen. Er sollte ihr totes Bild nicht loswerden, er sollte nicht aufhören, sich Vorwürfe zu machen, dass er ihre Gesinnung nicht erkannt, nicht erforscht, nicht geschätzt habe.«

Während einer Fahrt auf einem Schiff springt sie, ihm ihre Liebe entdeckend, ins Wasser. Ohne nachzudenken, springt er ihr hinterher und rettet sie. Auch ihm wird erst im Moment des drohenden Verlustes bewusst, dass er sie liebt. Deshalb kommentiert Goethe, als er den jungen Mann ausrufen lässt, er wolle sie niemals verlassen: »Niemals! Und wusste nicht, was er sagte, noch was er tat«. Die wahre Liebe setzt sich durch. Sie findet »aus der Verzweiflung zum Entzücken, aus der Gleichgültigkeit zur Neigung, zur Leidenschaft, alles in einem Augenblick – der Kopf wäre nicht hinreichend, das zu fassen, er würde zerspringen oder sich verwirren. Hierbei muss das Herz das Beste tun, wenn eine solche Überraschung ertragen werden soll.«

Keine Frage: Aus beiden wird ein Paar, weil die wahre Liebe zusammenbringt, was zusammengehört, auch wenn es Zeit braucht, um schicksalhafte Bestimmungen zu erkennen. Kaum zu glauben, dass Hollywood die Novelle noch nicht längst verfilmt hat. Freilich kursiert der Stoff in zahllosen Varianten. Gefühlsduselig? Ja, aber wenn, dann ist das Liebesleben nicht nur in Literatur und Film, sondern nicht selten auch in der gelebten Praxis voller Sehnsucht nach einem Happy End, wie Goethe es beschreibt. Die Behandlungszimmer von Psychotherapeuten sind voll von Frauen und Männern, die an verwirrten Gefühlen leiden. Dass es allerdings einen unbewussten Wegweiser gibt, der verlässlich die richtige Richtung anzeigt, wie Goethe es suggeriert, halte ich dann doch für Wunschdenken.

Nun gibt es ja aber nicht nur die erotische Liebe, sondern auch die Menschenliebe, die christlich als Caritas bereits eine Reduktion der Liebe auf die Nächsten ist, was immer schon unausgesprochen den Hass auf diejenigen erlaubt (oder sogar geboten) hat, die nicht meinesgleichen sind. Auf unserem Workshop über Hass am Krankenhaus-Ost in Bremen letztes Jahr hast Du nachdrücklich betont, dass Gefühle nur durch stärkere Gefühle zu kontrollieren seien. Ich stimme Dir darin zu, einschließlich der Diagnose über die Schwäche einer (rein) rationalen Aufklärung. Freilich kann diese Strategie emotionaler Steigerung sowohl gesteigerter Hass als auch gesteigerte Liebe meinen: A vermindert seinen Hass auf B (oder legt ihn sogar bei), wenn er C noch mehr hasst als B; B kann den Hass von A besänftigen, indem er ihm ein C vorstellt, den A noch mehr hassen kann (oder indem er A darin bestärkt, dass C, den er hasst, tatsächlich hassenswert ist). Vielleicht geht eine solche Strategie aber auch gar nicht oder nur kurzfristig auf, weil es nicht ausgemacht ist, ob und, wenn ja, unter welchen Bedingungen der Hass von B auf den von A gehassten C tatsächlich dazu führt, dass A in seinem Hass auf B nachlässt. Es bleibt einer Theorie emotionaler Dissonanzen vorbehalten, solche Fragen empirisch zu untersuchen.

Und was ist mit der Menschenliebe? Wann wird sie stark genug, um Hass einzudämmen? Ich weiß nicht, ob Du von folgendem bemerkenswerten Fall gehört hast: Am 4. November 2005 verliert ein arabischer Vater aus Dschenin seinen Jungen, der von israelischen Soldaten fahrlässig erschossen wird. Er ist nicht der Erste und wird nicht der Letzte sein. Was in der vergifteten Atmosphäre des Israel-Palästina-Konflikts regelmäßig zu einer Betäubung des Schmerzes durch eine Verstärkung des Hasses führt, geschieht dieses Mal nicht. Der Vater bietet seinen toten Sohn als Organspender an. Wer immer ein Organ benötigt, ob Muslim, Jude oder Christ, erhält es. Davon profitieren auch zwei israelische Organempfänger, zwei orthodoxe Juden, die sich – wie im letzten »Spiegel« des alten Jahres zu lesen steht – nicht einmal bei ihrem Lebensretter bedankt hätten. Was bewegt Menschen wie diesen palästinensischen Vater zu solchen Gesten der Menschenliebe? Was gibt ihnen die Kraft, sich von der vergifteten Atmosphäre selbst nicht vergiften zu lassen?

Es grüßt Dich herzlich,
Dein ratloser Freund Rolf

Lieber Rolf,

meine Antwort auf Deinen letzten Brief kommt deshalb verzögert, weil mich zwei Fragen doch arg bedrängen.

Die erste ist, sollten wir unsere Texte und Briefe über den Hass lieber nicht veröffentlichen? Denn kann es überhaupt ein Denken über den Hass jenseits von »Gut« und »Böse«, kann es ein möglichst rein analytisches Nachdenken des Hasses, wie wir es anstreben, geben oder muss das immer missverstanden werden, in dem Sinne, dass man den Hassanalytiker immer auch der (verdeckten) Hasspredigt verdächtigt? Wird man unsere Texte nicht als intellektuelles Abenteurertum betrachten, die das bewirken, was sie verhindern möchten: nämlich dass der Hass siegt? Sollen wir dabei bleiben, wie wir uns entschieden haben, die Verdächtigungen auf uns zu nehmen, in der Hoffnung, etwas gegen die Ratlosigkeit gegenüber dem sich ausbreitenden Hass zu tun?

Das aber führt schon zu meiner zweiten Frage hin, die mich in den letzten Wochen sehr bewegt hat. Dein Brief hat den Punkt genau getroffen: Wie kann man den Hass zwischen Menschen überwinden?

Tatsächlich habe ich auf dem Bremer Symposium über den Hass im Anschluss an Spinoza und Nietzsche gesagt, dass man eine Stimmung nur durch eine stärkere überwinden kann. Das wird nun gerade aber in Bezug auf so große Stimmungen wie Liebe und Hass problematisch, weil sich angesichts ihrer möglichen sehr hohen Intensität die Frage stellt, wodurch sie denn noch übertroffen werden sollen, ob das überhaupt möglich ist oder ob sie nur durch den gegenseitigen Umschlag ineinander übertroffen werden, was dann wenigstens erklären würde, warum Liebe und Hass nicht einfach Entgegensetzungen, sondern per Negation miteinander vermittelt sind.

Auch die von Dir aufgezeigte Strategie emotionaler Ablenkung und Umlenkung von Hassenergien, indem der Hass auf jemanden abgeschwächt wird, weil man einen anderen noch mehr hasst, scheint tatsächlich – das deutest Du ja auch an – bestenfalls eine Zwischenlösung des Problems zu sein, wie der Hass aufzuheben sei.

Deshalb muss ich die in Bremen vertretene Position korrigieren und genauer fassen. Der Grundsatz, dass Stimmungen nur durch stärkere Stimmungen kontrolliert werden können, hat seine Grenze bei den Stimmungen Liebe und Hass. Darum stellt sich bei beiden die Frage, ob sie überhaupt noch im Feld der Stimmungen strategisch kontrolliert werden können. Sowohl Spinozas wie auch Nietzsches Antwort ist: Nein! Spinoza wie Nietzsche führen ein

Prinzip ein, das als intellektuelle Maßbestimmung auch Liebe und Hass immanent zu transzendieren vermag. Bei Spinoza ist das der Amor Dei intellectualis, und bei Nietzsche ist es nicht einfach der Wille zur Macht, sondern der Wille zur (Selbst-)Macht im Sinne des hypothetischen Iterativs, so zu leben, als ob dasselbe wiederkehren würde und wiederkehren könnte.

Sowohl Spinoza wie auch Nietzsche normieren dadurch Liebe und Hass an einer Macht, die größer ist als wir und unsere Stimmungen, und sie zügeln die mit den Stimmungen Liebe und Hass verbundene maßlose Lust, die immer sein und immer mehr sein will, an der Lust des Denkens dessen, was größer ist als wir und unser Leben trägt. Liebe und Hass werden dadurch einem sie umgreifenden und übersteigenden Maß unterworfen und dadurch mäßigbar, berechenbar – bis hin zum Kalkül. (Was allerdings, hier irrt sich Spinoza, auch dazu führen kann, dass sich die Liebe zu Gott, also zu dem höchsten Wert, der unser Leben trägt, durchaus in Hass verwandeln kann, weil wir für diesen Wert hassen müssen, um ihn gegen die zu erhalten, die ihn vernichten wollen.)

Was aber könnte nun dieser höchste Wert, der unser Leben trägt, heute in säkularer Betrachtung im Anschluss an Spinoza und Nietzsche sein? Ich denke, es ist im Anschluss an den Kant'schen und Marx'schen kategorischen Imperativ die Wahrung der Würde des Menschen. Diese positive Bestimmung ist für jeden Einzelnen nur fassbar, wenn man sie an einer negativen Grenzbestimmung orientiert, die fixiert, was unbedingt zu vermeiden ist, wenn Menschen nicht ihre Würde verlieren sollen.

Als diese Grenzbestimmung wird immer wieder der Holocaust genannt. Das ist auch richtig. Aber ich möchte diesen zweifelsohne einzigartigen Genozid verallgemeinern. Denn worum handelt es sich, allgemein biopolitisch bestimmt, beim Holocaust? Um die industrielle Vernichtung, um die systematische Verrohstofflichung und Versklavung von Menschen.

Demzufolge bin ich der Auffassung, dass alle Verhältnisse bekämpft werden müssen, die Menschen verrohstofflichen und versklaven. Liebe und Hass finden dort ihre Grenze, wo Menschen versklavt und zum bloßen Rohstoff einer wie auch immer gearteten Bioindustrie werden. Die unbedingte Anerkennung des kategorischen Imperativs, alle Verhältnisse zu vermeiden, in denen

Menschen versklavt und verrohstofflicht werden, kann und wird den Hass vernünftig leiten und gegebenenfalls auch mäßigen und der intellektuellen Liebe zur Würde des Menschen unterordnen.

Eine Bemerkung dazu, wie Du auf meine biographischen Erfahrungen eingehst. Ich möchte darin, gerade im Hinblick auf das heikle Thema des Hasses, nicht missverstanden werden. Solange eine Gesellschaft die Wahrung der Würde des Menschen besser garantiert als eine andere, ist sie der anderen vorzuziehen. Von daher weine ich der DDR keine Träne nach: der real existierende Kapitalismus vor 1989 hat den real existierenden Sozialismus dadurch besiegt, dass er als Demokratie in größerem Maße die Einhaltung der Menschenrechte garantierte als der Staatssozialismus. Deshalb war mir der Hass auf das »Schweinesystem« ebenso fremd wie Dir. Und da bin ich auch durchaus nicht auf der Seite Hermanns in der Kleist'schen »Hermannschlacht«, der Thusneldas Versuch, ihn auf positive Leistungen der römischen Besatzungsmacht hinzuweisen, abblockt mit dem wütenden Ausruf: »Ich will die höhnische Dämonenbrut nicht lieben!/ Solang sie in Germanien trotzt/ Ist Hass mein Amt und meine Tugend Rache« (Kleist 1978, Band 2, S. 310).

Vielmehr werde ich, auch wenn ich auf meinem Lebensweg Regungen des Hasses empathisch näher gekommen bin als Du, immer auf Seiten einer Gesellschaft stehen, die grundsätzlich die Wahrung der Würde des Menschen garantiert und gegen die Tendenzen zur Versklavung und Verrohstofflichung von Menschen, egal, wo es sie gibt, kämpft. Von dorther könnte man auch den in vielen Phänomenen auf der ganzen Welt greifbaren Hass auf den sich weiter globalisierenden Kapitalismus mäßigen oder sogar zurücknehmen. Nur sollten sich die Sieger ab und zu daran erinnern, wodurch sie gesiegt haben: durch ihr Eintreten für die Wahrung der Würde des Menschen – für alle, weltweit, überall und in jedem Winkel der Erde.

Die vernünftige Liebe zur Würde des Menschen und der daraus resultierende Hass auf alle Verhältnisse, in denen Menschen versklavt und verrohstofflicht werden, kann uns die Kraft geben, sich in einer vergifteten Atmosphäre selbst nicht vergiften zu lassen. Das aber hat eventuell zur Konsequenz, seine Wut, seinen Zorn und Hass nicht unmittelbar auszuleben, dem Gegenüber nicht direkt ins Gesicht zu schlagen, sondern die Fäuste geballt in der Jakkentasche zu lassen. Dieser nicht ausgelebte Hass macht tatsächlich melancholisch: Man trauert um die nicht getane Tat. Aber die positive Seite der Melancholie ist: Die äußere Aggressivität wird nach innen gewendet und so zur Reflexion und zu einer intellektuellen Leidenschaft, die uns lehren könnte, vernünftig mit dem zu unserem Leben nun einmal gehörenden Hass umzugehen.

Dein Volker

Literatur

Allbeck, J. H.; Adwan, S.; Bar-On, D. (2002): Dialogue groups: TRT's guidelines for working through interactable conflicts by personal storytelling. Peace and Conflict: Journal of Peace Psychology 8: 301–322.

Anders, G. (1985): Die Antiquiertheit des Hassens. In: Kahle, R.; Mezner, H.; Vinnai, G. (Hg.): Hass. Die Macht eines unerwünschten Gefühls. Reinbek, S. 11–32.

Aristoteles (1999): Rhetorik. Stuttgart.

Arndt, E. M. (1813/1993): Über Volkshass. In: Jeismann, M. (Hg.): Grenzfälle – Über neuen und alten Nationalismus. Leipzig, S. 319–334.

Averill, J. R. (1982): Anger and Aggression: An Essay on Emotion. New York.

Barrett, L. F.; Salovey, P. (Hg.) (2002): The Wisdom of Feeling: Psychological Processes in Emotional Intelligence. New York.

Bar-Tal, D. (2002): Collective memory of physical violence: Its contribution to the culture of violence. In: Salomon, G.; Nevo, B. (Hg.): Peace Education: The Concept, Primciples and Practice Around the World. Mahwah, N. J., S. 27–36.

Bauer, B. (1841/1985): Die Posaune des jüngsten Gerichts über Hegel, den Atheisten und Antichristen. In: Pepperle, H.; Pepperle, I. (Hg.): Die Hegelsche Linke. Leipzig.

Baumeister, R. F., Campbell, W. K. (1999): The intrinsic appeal of evil: Sadism, sensational thrills, and threatened egotism. Personality and Social Psychology Review 3: 210–221.

Baumeister, R. F.; Smart, L.; Boden, J. M. (1996): Relation of threatened egotism to violence and aggression: The dark side of high self-esteem. Psychological Review 103: 5–33.

Becker, D. (1992): Ohne Hass keine Versöhnung. Freiburg.

Benjamin, W. (1974): Über den Begriff der Geschichte. In: Benjamin, W. Gesammelte Schriften. Hrsg. von R. Tiedemann und H. Schweppenhäuser. Band I. Frankfurt a. M.

Benz, W. (1996): Feindbild und Vorurteil. Beiträge über Ausgrenzung und Verfolgung. München.

Bergold, J. (2005): Feindbilder und Verständigung. Grundlagen der politischen Psychologie. Wiesbaden.

Bernfeld, S. (1928/1968): Über Faszination. In: Bernfeld, S.: Antiautoritäre Erziehung und Psychoanalyse. Darmstadt, S. 68–79.
Bettencourt, B. A.; Dorr, N.; Charlton, K.; Hume, D. L. (2001): Status differences and in-group bias: A meta-analytical examination of status stability, status legitimacy, and group permeability. Psychological Bulletin 127: 520–542.
Bjorge, T. (2002): Gewalt gegen ethnische und religiöse Minderheiten. In: Heitmeyer, W.; Hagen, J. (Hg.): Internationales Handbuch der Gewaltforschung. Opladen, S. 981–999.
Blee, K. (2003/2004): Positioning hate. Journal of Hate Studies 3: 95–105.
Blee, K. M. (2002): Inside Organized Racism: Women in Hate Movement. Berkeley, CA.
Bloch, E. (1990): Das Prinzip Hoffnung. In: Bloch, E.: Werkausgabe. Band 5. 3. Aufl. Frankfurt a. M.
Blum, H. P. (1995): Sacrificed aggression, hate, and the alterations of standards of values. In: Akthar, S.; Kramer, S.; Parens, H. (Hg.): The Birth of Hatred: Developmental, Clinical and Technical Aspects of Intense Aggression. Northvale, N. J., S. 17–37.
Bollas, C. (1997): Der Schatten des Objekts. Stuttgart.
Bollnow, F. O. (1947): Einfache Sittlichkeit. Göttingen.
Bosbach, F. (1992): Feindbilder. Die Darstellung des Gegners in der politischen Publizistik des Mittelalters und der Neuzeit. Köln u. a.
Boyer, L. B. (1986): On man's need to have enemies: a psychoanalytic perspective. Journal of Psychoanalytic Anthropology 9: 101–134.
Brecht, B. (1933–1938/1976): An die Nachgeborenen. In: Brecht, B., Gesammelte Gedichte Bd. 2. Frankfurt am Main, S. 722–725.
Brenner, A.; Zirfas, J. (2002): Lexikon der Lebenskunst. Leipzig.
Brewer, M. B. (1999): The psychology of prejudice: Ingroup love or outgroup hate? Journal of Social Issues 55: 429–444.
Broszat, M. (Hg.) (1981): Kommandant in Auschwitz. Autobiographische Aufzeichnungen des Rudolf Höß. München.
Bufkin, J. L. (1996): Toward an Understanding of Bias Crimes and Bias Groups: A Theory of Masculinity and Power. Ann Arbor.
Bushman, B. J.; Baumeister, R. F. (1998): Threatened egotism, narcissism, self-esteem and direct and displaced aggression: Does self-love or self-hate lead to violence? Journal of Personality and Social Psychology 75: 219–229.
Butler, J. (1997): Hass spricht. Zur Politik des Performativen. Berlin.
Camus, A. (1942/1961): Der Fremde. Reinbek.
Canetti, E. (1960/1980): Masse und Macht. Frankfurt a. M.
Carriére, M. (1990): Für eine Literatur des Krieges, Kleist. Frankfurt a. M.
Caysa, V. (1997): Zivilisierung durch Sport und historische Gewaltapriori. In: Caysa, V. (Hg.): Sportphilosophie. Leipzig, S. 128–142.
Charles, C. A. D. (2003): Skin bleaching, self-hate, and black identity in Jamaica. Journal of Black Studies 33 (6): 711–728.
Clark, S. (1999): Splitting differences: Psychoanalysis, hatred, and exclusion. Journal of the Theory of Social Behavior 29: 21–35.

Correll, J.; Park, B.; Wittenbrink, B.; Judd, C. M. (2002): The police officer's dilemma: Using ethnicity to disambiguate potentially threatening individuals. Journal of Personality and Social Psychology 83: 1314–1329.
Darwin, C. (1872/1986): Hass und Zorn. In: Darwin, C.: Der Ausdruck der Gemütsbewegungen bei dem Menschen und den Tieren. Nördlingen, S. 243–258.
Decalmer, P.; Glendenning, F. (Hg.) (1997): The Mistreatment of Elderly People. Thousand Oaks, CA.
Delgado, R.; Stefancic, J. (2004): Understanding words that wound. Boulder.
Djilas, M. (1958): Land ohne Recht. Köln.
Dürr, H.-P. (1993): Obszönität und Gewalt. Der Mythos vom Zivilisationsprozess. Bd. 3. Frankfurt a. M.
Dürrenmatt, F. (1983): Der Besuch der alten Dame. In: Dürrenmatt, F.: Stücke 1. Berlin.
Eibl-Eibesfeldt, I. (1972): Liebe und Haß. München u. a.
Eisenberg, G. (2002): In Erfurt und um Erfurt herum oder: Amok – eine neue Ventilsitte? Ansätze zu einer Sozialpsychologie von Wut und Hass im Zeitalter der Globalisierung. In: Eisenberg, G.: Gewalt, die aus der Kälte kommt. Amok – Pogrom – Populismus. Gießen, S. 17–80.
Elias, N. (1936/1978): Der Prozess der Zivilisation. 2 Bde. Frankfurt a. M.
Enzensberger, U. (2001): Parasiten. Frankfurt a. M.
Estés, C. P. (1993): Die Wolfsfrau. Die Kraft der weiblichen Urinstinkte. München.
Ezelviel, R. (2002): The ethnographer looks at Neo-Nazi und Klan groups: The racist mind revisited. American Behavioral Scientist 46 (1): 51–57.
Fattah, E. A. (2002): Gewalt gegen »gesellschaftlich Überflüssige«. In: Heitmeyer, W.; Hagen, J. (Hg.): Internationales Handbuch der Gewaltforschung. Opladen, S. 958–980.
Feuerbach, L. (1841/1974): Das Wesen des Christentums. In: Feuerbach, L.: Gesammelte Werke. Hrsg. von W. Schuffenhauer. Band 5. Berlin.
Fischer, J. M. (2004): Der Haß ist fruchtbar noch. Karl Krauss – der Nörgler als Rechthaber. Merkur 58: 847–855.
Fishbein, H. D. (2003/2004): The genetic/evolutionary basis of prejudice and hatred. Journal of Hate Studies 3: 113–119.
Flusser, V. (1995): Jude sein. Essays, Briefe, Fiktionen. Mannheim.
Forst, R. (2003): Toleranz im Konflikt. Frankfurt a. M.
Freud, A. (1936/1977): Das Ich und die Abwehrmechanismen. München.
Freud, S. (1916–1917/1960). Vorlesungen zur Einführung in die Psychoanalyse. In: Freud, S.: Gesammelte Werke Bd. 11. Frankfurt a. M.
Glucksmann, A. (2005): Hass. Die Rückkehr einer elementaren Gewalt. Darmstadt.
Graumann, C. F. (1998): Verbal discrimination: A new chapter in the social psychology of aggression. Journal for the Theory of Social Behavior 28: 41–61.
Greiner, M. (2001): Wir werden doch alle gekillt. Süddeutsche Zeitung. 6./7. Oktober.
Gruen, A. (1989): Der Wahnsinn der Normalität. Realismus als Krankheit: eine grundlegende Theorie zur menschlichen Destruktivität. München.
Gundolf, F. (1922): Heinrich von Kleist. Berlin.

Haas, E. T. (2002): Armierte Trauer: Camus' *Der Fremde* – Fremdenhass. In: Haas, E. T.: ... und Freud hat doch recht. Die Entstehung der Kultur durch Transformation der Gewalt. Gießen, S. 289–307.

Haidt, J.; Rozin, P.; McCauley, C.; Imada, S. (1997): Body, psyche, and culture: The relationship between disgust and morality. Psychology and Developing Societies 9: 107–131.

Harrington, E. R. (2003–2004): The social psychology of hatred. Journal of Hate Studies 3: 49–82.

Haubl, R. (1982): Identität – Zwischen Anpassung und Anpassungsverweigerung. In: Haubl, R.; Molt, W.; Weidenfeller, G.; Wimmer, P. (Hg.): Struktur und Dynamik der Person. Opladen, S. 205–254.

Haubl, R. (1993): Die Ästhetisierung des Hässlichen als ethisches Problem. Bausteine zu einer psychohistorischen Theorie der Erschütterung. In: Hartmann, H. A.; Heydenreich, K. (Hg.): Moral des schönen Scheins. Frankfurt am Main, S. 18–34.

Haubl, R. (2000): Über Neid, Hass und Gewaltbereitschaft. In: Haubl, R.: Große Gefühle. Frankfurt a. M.

Haubl, R. (2001): Neidisch sind immer nur die anderen. Über die Unfähigkeit zufrieden zu sein. München.

Haubl, R. (2005a): Romantische Liebe. Recycling eines großen Gefühls. Ethik und Unterricht 16 (4): 8–13.

Haubl, R. (2005b): Vertrauen in Misstrauen. Über paranoide Gruppenprozesse. Jahrbuch für Gruppenanalyse 11: 77–95.

Haubl, R. (2006): Gewalt in der Schule. In: Leuzinger-Bohleber, M.; Haubl, R.; Brumlik, M. (Hg.): Bindung, Trauma und soziale Gewalt. Göttingen, S. 142–164.

Havel, V. (1991): Angst vor der Freiheit. Reinbek bei Hamburg.

Heidegger, M. (1927/1986): Sein und Zeit. 16. Aufl. Tübingen.

Heidegger, M. (1967): Vorträge und Aufsätze. Teil I. Pfullingen.

Heidegger, M. (1985): Nietzsche: Der Wille zur Macht als Kunst. In: Heidegger, M.: Gesamtausgabe. II Abteilung: Vorlesungen 1919–1944. Band 43. Frankfurt a. M.

Heine, H. (1980): Diesseits und Jenseits des Rheins. In: Heine, H.: Werke und Briefe in zehn Bänden. Band 2. Berlin u. a.

Heller, A. (1978): Das Alltagsleben. Versuch einer Erklärung der individuellen Reproduktion. Frankfurt a. M.

Herwegh, G. (1841/1980): Das Lied vom Hasse. In: Herwegh, G.: Werke in einem Band. Berlin.

Hilbig, W. (1993): »Ich«. Frankfurt a. M.

Hochschild, R. A. (1979): Emotion work, feeling rules, and social structure. American Journal of Sociology 85 (3): 551–557.

Hoffman, M. L. (1982): Development of prosocial motivation: empathy and guilt. In: Eisenberg, N. (Hg.): The Development of Prosocial Behavior. New York, S. 281–313.

Hole, G. (2004): Fanatismus. Der Drang zum Extrem und seine psychischen Wurzeln. Gießen.

Horton, J.; Mendus, S. (Hg.) (1999): Toleration, Identity and Difference. London: MacMillan.

Horváth, Ö. von (2001): Verrat am Vaterland oder: Haß. Romaexposé. In: Horváth, Ö. von: Supplementband I zur Kommentierten Werkausgabe in Einzelbänden. Frankfurt a. M.

Hubbert, J. (1996): Fundamentalismus – Fanatismus gegen die Moderne. Bochum.

Hunter, M. L. (2005): Race, Gender, and the Politics of Skin Tone. London.

Hurni, M.; Stoll, G. (1999): Der Haß auf die Liebe. Die Logik der perversen Paarbeziehung. Gießen.

Ignatieff, M. (1998): The Warrior's Honor. Ethnic War and the Modern Conscience. London.

Jaspers, K. (1948/1988): Der philosophische Glaube. 9. Aufl. München u. a.

Jost, J. T.; Major, B. (2001): Emerging perspectives on the psychology of legitimacy. In: Jost, J. T.; Major, B. (Hg.): The Psychology of Legitimacy: Emerging Perspectives of Ideology, Justice and Intergroup Relations. New York, S. 3–30.

Jung, C. G. (1930/1991). Traumanalyse. Nach Aufzeichnungen der Seminare 1928–1930. Freiburg i. Br..

Kakar, S. (1997): Die Gewalt der Frommen: zur Psychologie religiöser und ethnischer Konflikte. München.

Kant, I. (1790/1968): Kritik der Urteilskraft. Leipzig.

Kant, I. (1798/1998): Anthropologie in pragmatischer Hinsicht. Stuttgart.

Kant, I. (1803). Über Pädagogik. Königsberg.

Keen, S. (1987): Bilder des Bösen. Wie man sich Feinde macht. Basel.

Kennedy, R. (2002): Nigger. The Strange Career of a Troublesome Word. New York, Toronto.

Kernberg, O. (1990): Hatred as pleasure. In: Glick, R. A.; Bone, S. (Hg.): Pleasure Beyond the Pleasure Principle: The Role of Affect in Motivation, Development, and Adaption. Vol. 1. New Haven, C. T, S. 177–188.

Kernberg, O. (1995): Hatred as a core affect of aggression. In: Akthar, S.; Kramer, S.; Parens, H. (Hg.): The Birth of Hatred: Developmental. Clinical, and Technical Aspects of Intense Aggression. Northvale, N. J., S. 55–82.

Kleist, H. von (1978): Werke und Briefe. 4 Bände. Berlin u. a.

Kluge, A. (1984). Die Macht der Gefühle. Frankfurt a. M.

Kolnai, A. (1929): Der Ekel. In: Jahrbuch für Philosophie und phänomenologische Forschung 10: 515–569.

Kovalevski, S. F. (1999): Jamaica, shades of an identity crises. The Washington Post 5. August, A 15.

Krämer, S. (2003): Negative Semiologie der Stimme. In: Epping-Jäger, C.; Linz, E. (Hg.): Medien / Stimmen. Linz, S. 65–85.

Kristeva, J. (1989): Geschichten von der Liebe. Frankfurt a. M.

Kristeva, J. (1990): Fremde sind wir uns selbst. Frankfurt a. M.

Lau, J. (2004): Männerhaß und Selbsthaß als kultureller Mainstream. Merkur 58: 934–943.

Lau, M. (2004): Selbsthaß in der postnationalen Nation. Merkur 58: 944–952.
Lawrence, F. M. (1994): The punishment of hate: Toward a normative theory of bias-motivated crimes. Michigan Law Review 93 (2): 320–381.
LeBon, G. (1895/1982): Psychologie der Massen. Stuttgart: Kröner.
Lehmann, J. E. (2006): Zorn, Hass, Entscheidung. Modelle der Feindschaft in den Hermannsschlachten von Klopstock und Kleist. Historische Anthropologie. Kultur – Gesellschaft – Alltag 14: 11–29.
Leith, K. P.; Baumeister, R. F. (1996): Why do bad moods increase self-defeating behavior? Emotion, risk-taking, and self-regulation. Journal of Personality and Social Psychology 71: 1250–1267.
Levant, R. F. (1996): The crisis of connection between men and women. Journal of Men's Studies 5 (1): 1–12.
Levant, R. F. (1998): Desperately seeking language: Understanding, assessing, and treating normative male alexithymia. In: Pollack, W. S.; Levant, R. F. (Hg.): New Psychotherapy for Men. New York, S. 35–56.
Levant, R. F.; Richmond, K.; Majors, R. G.; Inclan, J. E.; Rossello, J. M.; Heesacker, M.; Rowan, G. T.; Sellers, A. (2003): A multicultural investigation of masculinity ideology and alexithymia. Psychology of Men and Masculinity 4 (2): 91–99.
Levinas, E. (1993): Totalität und Unendlichkeit. Versuch über die Exteriorität. Freiburg u. München.
Lichtenberg, J. D. (1992): Haß im Verständnis der Selbstpsychologie, ein motivationssystematischer Ansatz. In: Schöttler, C.; Kutter, P. (Hg.): Sexualität und Aggression. Frankfurt a. M., S. 48–74.
Loewenberg, P. (1979). Antisemitismus und jüdischer Selbsthass. Eine sich wechselseitig verstärkende sozialpsychologische Doppelbeziehung. Geschichte und Gesellschaft: Zeitschrift für historische Sozialwissenschaft 5: 455–475.
Luhmann, N. (1968): Vertrauen. Ein Mechanismus der Reduktion sozialer Komplexität. Stuttgart.
Lukács, G. (1923/1970): Geschichte und Klassenbewußtsein. Neuwied u. a.
MacArthur, J. R. (1993): Die Schlacht der Lügen. Wie die USA den Golfkrieg verkauften. München.
Maisch, H. (1997): Patiententötungen. Dem Sterben nachgeholfen. München.
Mann, H. (1983): Der Haß. Deutsche Zeitgeschichte. Weimar u. a.
Manson, M. (2000): »A long hard road out of hell«. Aus dem Leben eines Antichristen. München.
Marx, K. (1981): Zur Kritik der Hegelschen Rechtsphilosophie. Einleitung. In: Marx, K.; Engels, F.: Werke. Band 1. Berlin.
McCauley, C. R.; Segal, M. D. (1989): Terrorist individuals and terrorist groups: The normal psychology of extreme behaviour. In: Groebel, J.; Goldstein, J. F. (Hg.): Terrorism. Sevilla, S. 40–64.
McDevitt, J.; Williamson, J. (2002): Hate crimes: Gewalt gegen Schwule, Lesben, bisexuelle und transsexuelle Opfer. In: Heitmeyer, W.; Hagen, J. (Hg.): Internationales Handbuch der Gewaltforschung. Opladen, S. 1000–1019.
Merkel, P. H. (1980): The Making of a Stormtrooper. Princeton, N. J.
Mertens, W. (2005): Psychoanalyse. Stuttgart.

Mesquita, B. (2001): Culture and Emotion: Different approaches to the question. In: Mayne, T. J.; Bonanno, G. A. (Hg.): Emotions: Current Issues and Future Directions. Emotions and Social Behavior. New York, S. 214–250.

Mitscherlich, A. (1964/1983a). Proklamierte und praktizierte Toleranz. In: Mitscherlich, A.: Gesammelte Werke Bd. IV. Frankfurt a. M., S. 257–269.

Mitscherlich, A. (1976/1983b): Zwei Arten der Grausamkeit. In: Mitscherlich, A.: Gesammelte Schriften Bd. V. Frankfurt a. M., S. 322–343.

Moses, R. (1985): Empathy and disempathy in the political process. Political Psychology 5: 135–140.

Moses, R. (1990): On dehumanising the enemy. In: Volkan, V.; Julius, D. A.; Montville, J. V. (Hg.): The Psychodynamics of International Relationships. Vol. 1: Concepts and Theories. Lexington, MA, S. 111–118.

Mullen, B. (1986): Atrocity as a function of lynch mob composition: A self-attention perspective. Journal of Personality and Social Psychology 12: 187–197.

Münkler, H. (1994): Feindbilder – Bilder vom Feind. In: Münkler, H.: Politische Bilder, Politik der Metaphern. Frankfurt a. M., S. 22–34.

Neumann-Braun, K. (2001): Hass, der integriert? Form und Funktion der »Hasskommunikation« in den Medien. Medienheft 15: 25–30.

Nietzsche, F. (1880/1964): Morgenröte. Gedanken über moralische Vorurteile. Stuttgart.

Nietzsche, F. (1980): Sämtliche Werke. Kritische Studienausgabe in 15 Einzelbänden. Hrsg. von G. Colli und M. Montinari. München u. a.

Ofterdinger, S. (1996): Nico-Icon. Filmfeature. Cameo-Film und ZDF.

Orwell, G. (1950): 1984. Baden-Baden.

Panksepp, J. (1998): Affective Neuroscience: The Foundations of Human an Animal Emotions. New York.

Perry, B. (2001): In the Name of Hate: Understanding Hate Crimes. New York.

Pettigrew, T. F.; Tropp, L. R. (2000): Does intergroup contact reduce prejudice? Recent meta-analytic findings. In: Oskamp, S. (Hg.): Reducing Prejudice and Discrimination: Social Psychology Perspectives. Mahwah, N. J., S. 93–114.

Plenker, F. P. (2002): Über Wiedergutmachung. Forum der Psychoanalyse 18: 350–366.

Reiter, A. (1997): »Die Tochter ist das ärgste Elend«: Wie Frauen in Indien zu Frauen gemacht werden. Frankfurt a. M. u. New York.

Rempel, J. R.; Burris, C. T. (2005): Let me count the ways: An integrative theory of love and hate. Personal Relationships 12: 297–313.

Retzinger, S. M. (1991): Violent Emotions. Newbury Park.

Rhodewalt, F., Madrian, J. C., Cheney, S. (1998): Narcissism, self-knowledge organization, and emotional reactivity: The effects of daily experiences on self-esteem and affect. Personality and Social Psychology Bulletin 24: 75–86.

Rogger, H. (1966): The Beilis Case: Anti-Semitism and Politics in the Reign of Nicholas II. Slavic Review 25: 627–641.

Ropers, N. (1990): Vom anderen her denken. Empathie als paradigmatischer Beitrag zur Völkerverständigung. In: Steinweg, R.; Wellmann, C. (Hg.): Die vergessene Dimension internationaler Konflikte. Frankfurt a. M., S. 114–150.

Royzman, E. B.; McCauley, C.; Rozin, P. (2005): From Plato to Putnam: four ways to think about hate. In: Sternberg, R. J. (Hg.): The Psychology of Hate. Washington, DC, S. 3–35.

Rürup, R. (1987): Emanzipation und Antisemitismus. Frankfurt a. M.

Sack, J. (1972): »Ich war gern in Vietnam«. Leutnant Calley berichtet. Frankfurt a. M.

Salovey, P.; Pizzaro, D. A. (2003): The value of emotional intelligence. In: Sternberg, R. J.; Lautrey, J.; Lubart, T. I. (Hg.): Models of Intelligence. Washington, D. C., S. 263–278.

Sartre, J.-P. (1943/1994): Das Sein und das Nichts. Versuch einer phänomenologischen Ontologie. Reinbek bei Hamburg.

Scharff, J. S.; Tsiqouinis, S. A. (Hg.) (2002): Self-hatred in psychoanalysis. New York.

Scheler, M. (1917): Die Ursache des Deutschenhasses: eine nationalpädagische Erörterung. Leipzig.

Scheler, M. (1923/1973): Wesen und Formen der Sympathie. Bern u. a.

Schopenhauer, A. (1819/1913): Die Welt als Wille und Vorstellung I. In: Schopenhauers sämtliche Werke. 2. Band. Berlin.

Schopenhauer, A. (1844/1913): Die Welt als Wille und Vorstellung II. In: Schopenhauers sämtliche Werke. 3. und 4. Band. Berlin.

Schöttler, C.; Kutter, P. (Hg.) (1992): Sexualität und Aggression. Frankfurt a. M.

Schwartz, H. S. (1997): Psychodynamics of political correctness. The Journal of Applied Behavioral Science 33: 132–148.

Senghaas, D. (1994): Wohin driftet die Welt? Über die Zukunft friedlicher Koexistenz. Frankfurt a. M., S. 17–49.

Shutz, H.; Six, B. (1996): How strong is the relationship between prejudice and discrimination? A meta-analysis answer. International Journal of Genocide Research 6 (4): 567–577.

Silke, A. (2003): Deindividuation, anonymity, and violence: Findings from Northern Ireland. Journal of Social Psychology 143: 493–499.

Sloterdijk, P. (2006): Zorn und Zeit. Frankfurt a. M.

Sofsky, W. (1996): Traktat über die Gewalt. Frankfurt a. M.

Sofsky, W. (2002): Zeiten des Schreckens. Frankfurt a. M.

Spaemann. R. (2001): Grenzen. Zur ethischen Dimension des Handelns. Stuttgart.

Spinoza, B. (1987): Ethik. Leipzig.

Staub, E.; Pearlman, L. A. (2001): Healing, reconciliation and forgiving after genocide and other collective violence. In: Helmick, S. J.; Petersen, R. L. (Hg.): Forgiveness and Reconciliation: Religion, Puplic Policy and Conflict Transformation. Radnor, PA: Templeton, S. 205–229.

Steen, M. (1998): Hass im Herzen. Im Sog der Gang. Reinbek bei Hamburg.

Sternberg, R. J. (2003): A duplex theory of hate: Development and application to terrorism, massacres, and genocide. Review of General Psychology 7: 299–328.

Sternberg, R. J. (Hg.) (2005): The Psychology of Hate. Washington.

Stoller, R. J. (1998): Perversionen. Die erotische Form von Haß. Gießen.

Streek-Fischer, A. (1994): »Wir sind die Kraft, die Deutschland sauber macht«. Zeitschrift für Gruppenpsychotherapie und Gruppendynamik 30: 75–85.
Sütterly, F. (2002): Gewaltkarrieren. Jugendliche im Kreislauf von Gewalt und Missachtung. Frankfurt am Main, New York.
Tajfel, H. (Hg.) (1982): Social Identity and Intergroup Relations. Cambridge.
Tajfel, H.; Billig, M. G.; Bundy, R. P.; Flament, C. (1971): Social categorization and intergroup behavior. European Journal of Social Psychology 1: 149–178.
Tajfel, H.; Turner, J. C. (1979): An integrative theory of intergroup conflict. In: Austin, W. G.; Worchel, S. (Hg.): The Social Psychology of Intergroup Relations. Monterey, CA, S. 33–47.
Tavris, C. (1992): Wut. Das missverstandene Gefühl. Hamburg.
Tocqueville, A. de (1864/1967): Das Zeitalter der Gleichheit. Hg. v. S. Landshut. Köln u. Opladen.
Utz, J. (1990): Der erste Weltkrieg im Spiegel des deutschen und englischen Haßgedichts. In: Assmann, J.; Harth, D. (Hg.): Kultur und Konflikt. Frankfurt a. M., S. 373–413.
Veigel, M. (2003): Gewalt als Selbstschutz gegen Angst. Die psychoanalytische Behandlung eines Rechtsradikalen. Forum für Psychoanalyse 19 (3): 326–342.
Volkan, V. D. (1999): Das Versagen der Diplomatie. Zur Psychoanalyse nationaler, ethnischer und religiöser Konflikte. Gießen.
Wagner, S. (1999): Feindbilder. Wie kollektiver Hass entsteht. Berlin.
Walser, M. (2002): Tod eines Kritikers. Frankfurt a. M.
Weber, H. (1994): Ärger. Psychologie einer alltäglichen Emotion. Weinheim.
Wedekind, F. (1905/1964). Hidalla oder Karl Hetman, der Zwergriese. In: Wedekind, F.: Prosa, Dramen, Verse. Bd. II. München u. Wien: 131–201.
Werner, J. (1999): Der Zorn oder Wie die Unterwelt den Kopf regiert. In: Werner, J.: Die sieben Todsünden. Stuttgart, S. 47–69.
Wiegels, R.; Woesler, W. (Hg.) (1993): Arminius und die Varusschlacht. Geschichte – Mythos -Literatur. Paderborn u. a.
Wirth, H.-J. (2002): Narzissmus und Macht. Zur Psychoanalyse seelischer Störungen in der Politik. Gießen.
Yamagishi, T. (2001): Trust as a form of social intelligence. In: Cook, K. S. (Hg.): Trust in Society. New York, S. 121–147.
Zepf, S. (1993): Über die Gleichgültigkeit – einige Anmerkungen aus der Sicht einer analytischen Sozialpsychologie. In: Zepf, S. (Hg.): Die Erkundungen des Irrationalen: Bausteine zu einer analytischen Sozialpsychologie nebst einigen Kulturanalyse. Göttingen, S. 181–201.
Zimmer, A. (2001): Hate Speech im Völkerrecht: rassendiskriminierende Äußerungen im Spannungsfeld zwischen Rassendiskriminierung und Meinungsfreiheit. Frankfurt a. M.